삶의 속도를 늦춰라

자유롭게 살기를 원한다면
네 시간의 속도를 늦춰라.
일을 적게 하는 대신 그 일을 잘 끝내라.
진심어린 일은 완전하게 이루어진다.

꿈을 실현시키기를 원한다면
네 시간의 속도를 늦춰라.
작게 시작한 일이 더 위대한 결과에 이른다.
소박한 일은 성스럽다.

매일매일 한층 한층씩
네 비밀을 천천히 쌓아올려라.
매일매일 너는 진실해질 것이며
하늘의 영광을 알게 될 것이다.

아씨시의 성 프란츠의 노래

삶을 성공으로 이끄는 여유의 심리학

삶의 속도를 늦춰라

카이 롬하르트 지음
송소민 옮김

차 례

작가 소개와 감사의 말

1 '속도 늦추기'를 위한 다섯 가지 열쇠

2 네 몸의 속도를 늦춰라

작가 소개와
감사의 말

네 삶의 속도를 늦춰라

'속도 늦추기' 의 철학

네 삶의 속도를 늦춰라 – 실행서

이 책은 시간과 속도 그리고 삶의 템포에 대해 내가 개인적으로 수련한 과정을 보여 준다. 이는 사회적 분석이나 통계 또는 추상적인 개념에 근거를 둔 것이 아니라, 개인적인 내 경험을 중심으로 한 것이다.

30세 생일을 맞은 날부터 내 삶은 추월선을 넘어 계속 치닫기 시작했다. 나는 대학에서 줄기차게 공부를 해서 박사 학위를 땄고, 최고의 성적을 올렸으며, 베스트셀러가 된 경영서를 썼고, 회사를 설립하고, 국제적 기업 컨설팅을 시작했다. 근사한 와인 창고가 있는 훌륭한 집으로 이사했다. 꽤나 빨리 사회 진출에 성공한 셈이다.

그러나 나는 조용한 시간이 되면 내 몸과 정신 속에 숨어 있는 깊은 불안감을 느꼈다. 내가 성취한 성공이 진정으로 나를 기쁘게 하거나 여유롭게 하지 못했기 때문이다. 나는 결코 평화롭지 않았다.

집에서의 생활 또한 팽팽한 긴장감 속에서 지냈다. 휴일에도 새로운 프로젝트를 세우는 데 시간을 썼으며, 이로 인해 술을 너무 많이 마셨고, 지나치게 과장된 웃음을 터뜨렸다. 잘못된 방향으로 가는 초고속 열차에 앉아 있는 기분이 들었다.

하지만 이런 상황을 변화시킬 수 있는 방법이 없었다. 상황이 너무나 당연해 보인 탓이었다. 친구들과 동료들, 사회 전체가 바로 이 길을 따르고 있었다. 더 빨리, 더 높이, 더 멀리!

많은 보수를 받는 기업 컨설턴트로서의 삶이 나를 행복하게 만드는 것이 아니라, 점점 더 가속도를 올리게 하고 있을 뿐이라는 사실을 제일 먼저 알아차린 건 바로 내 몸이었다. 다행스럽게도 나는 상태가 극단적으로 악화되었다는 경고를 보내는 몸의 신호를 받아들였고, 직업을 그만두었다. 일상적이던 직업의 압박에서 벗어나자마자 위기가 닥쳐 왔다. 내 생전에 한 번도 그렇게 심하게 아파 본 적이 없다. 이것이 바로 내 삶에서 있었던 과감한 첫 번째 "멈춰!"였다. 그것은 타의에 의한 강제적인 중지였다. 모든 시스템에 브레이크가 걸렸다. 그 후 나는 일년 반이 넘도록 조금이라도 긴장이 된다 싶은 일은 아무 것도 할 수 없었다.

그 당시만 해도 나는 그 위기가 내 '속도 늦추기'의 시작이었다는 것을 몰랐다. 물질적 요구를 줄임으로써 돈을 많이 벌어야 한다는 부담도 줄어들고 내겐 새로운 자유 공간이 열렸다. 나는 인류심리학을 공부하면서 명상을 시작하고, 수도원에 들어가 심리학 학부를 개설하고 여러 가지 치료 단계에서 개인적인 경험을 쌓기 시작했다. 먹는 음식의 종류를 바꾸고, 몸과 마음을 푸는 법을 배웠다. 나는 문외한으로서 불교의 명상 센터에서 치료를 받은 경험을 삶에 연결시킴으로써 생활 속에 일련의 윤리적 근본 명제를 심화해야겠다고 결심했다.

그런 길을 가던 나에게 명상 스승의 지도와, 불교의 깨어 있는 주의력 실천에 대해 여러 가지를 가르치는 평화실천주의자 틱 낫 한 스님의 가르침을 접할 기회가 생겼다. 최근 5년간의 수련 기간 중에서 2년의 세월을 프랑스에 있는 틱 낫 한 스님의 명상 센터 플럼빌리지(Plumvillage)에서 보냈다. 나는 수도 생활과 대도시의 현실 사이를 오가며 시간과 속도를 조절하는 방법을 배웠고, 그것이 내 삶을 얼마나 깊이 심화시킬 수 있는가를 경험하게 되었다.

이 책의 여러 곳에서 현재의 매 순간에 주의를 기울이는 삶의 기술에 대한 사상을 고취시키고 있다. 그렇다고 '속도 늦추기' 방법을 배우거나 접하기 위해 우리가 불교 신자가 되어야 할 필요는 없다. 이 책에 있는 경험과 제안들은 종교적 세계관과는 아무런 관계가 없다. 이것은 삶과 시간에 대한 조용한 관조로부터 나온 것이다.

이 책은 사실 조그마한 집의 고요와 한적함 속에서, 꿈 같은 전원적인 숲의 정경을 눈앞에 두고 쓰였어야 했다. 내 소망에 따르자면 말이다. 하지만 삶은 소망과는 판이하게 달랐다. 그래서 이 책은 아주 바쁘고 빠듯한 시간 속에서 나왔다. 좀더 자세히 말하면 대도시 베를린에서, 게다가 내 아들 요나탄이 태어나기 전 한 달과 태어난 후 한 달이라는, 정신없는 시간 속에서 쓰여진 것이다. 삶의 한복판에서, 새로 직업을 구하는 소용돌이 속에서, 갓난아기가 3개월간 장염을 앓고 이사를 가야 하는 정신없는 와중에 말이다. 만일 내가 '속도 늦추기'를 실천하지 않았다면 이 책은 생겨날 수 없었을 것이다.

책이 생겨난 경위에 대한 이야기는 이 책이 전달하고자 하는 내용이기도 하다. 즉, 어려운 조건 속에서도 촉박함에 쫓기지 않은 채 안정을 유지하고 현재의 순간으로 돌아오는 일이 충분히 가능하다는 것이다. 여러 가지 계획이나 욕구에 사로잡히지 않고 받아들인 현실의 주어진 조건 속에서 최선을 다하면 된다. 어떤 날이든 '자투리시간'과 그 날의 고요한 순간이 있다. 이 시간을 우리는 유지할 수 있는 것이다. 고요한 순간으로부터 시작하여 한발 한발씩 평온함, 여유, 자유를 삶의 영역으로 가져올 수 있다. 이 때 오래된 나쁜 습관으로 다시 빠지게 되는 것은 자연스러운 일이므로 심각하게 생각할 필요가 없다. 우리들은 사람이지 기계가 아니기 때문이다. 하지만 우리가 '속도 늦추기'에 대해 알고 좋아하게 되면, 외적으로나 내적으로나 차츰차츰 우리를 평온의 바다로 데려다 줄 후원자를 얻게 될 것이다.

나는 실행 과정중에 사랑하는 사람들로부터 후원을 받았다. 내 아내 베티나가 아니었으면 이 책을 쓴다는 것은 감히 상상도 못했을 것이다. 사랑으로 가득한 아내의 관심에 힘입어 끝까지 계속할 수 있었다. 아내의 충고와 경험 그리고 우리가 같이 살고 있음을 항상 염두에 두고자 한 노력이 이 책 전체에 가득 스며 있다. 우리의 아들 요나탄은 나로 하여금 인생은 하나의 기적이라는 것과 지금 이 순간을 기적으로서 살 것을 항상 일깨워 준다. 롤프 리터, 옌스 샤덴도르프와 브리기트 귄터는 내 원고가 숙성해 가는 과정에 깊은 애정을 가지고 참여하여 아낌없이 논평해 주었다. 미하엘 프란츠와 벤델린 퀴퍼스는 소기의 목적을 이루는 데 도움을 주었다. 이들 모두에게 감사를 드린다! 플럼빌리지의 상하(Sangha)와 스승 틱 낫 한이 아니었으면 아마도 내게 『네 삶의 속도를 늦춰라』

를 집필하려는 생각은 결코 떠오르지 않았을 것이다. 그분들이 나로 하여금 '속도 늦추기'의 아름다움과 품위, 생동감을 경험하게 해 주었다.

| 네 삶의 속도를 늦춰라 |

보통으로 가던 삶의 템포가 슬슬 속도를 올리기 시작한다. 초조, 압박, 시간 결핍이 점점 더 우리의 일상이 되어 가고 있다. 경영자로부터 시작해 여비서를 넘어 외지 근무자들에게까지, 아기를 기르는 어머니에서부터 정치가를 넘어 택시 운전사에게까지, 점점 더 많은 사람들이 아주 급하게 밖으로 나선다. 그 결과 스트레스, 불안과 경직은 대중적 현상이 되어버렸다. 30세 중반의 탈진증후군이나 귀울림이 이제는 드문 일이 아니다. 우리는 주변에서 흔히 제 궤도를 벗어난 사람들을 만난다.

'시간'에 대한 잘못된 태도로 우리들은 위기에 빠졌다. 우리는 시간을 삶 속에 자연스럽게 포함시키지 못하고, 기본이 되는 시간 법칙과 여러 면에서 투쟁하게 된 것이다. 다음과 같은 일이 당신에게 얼마나 자주 일어나는지 한번 생각해 보라.

✔ 당신은 현재의 삶 속에서 기쁨을 느끼는 순간 먼 미래의 행복도 생각하고 있는가?

✔ 당신은 당신이 받는 강렬한 인상들을 대부분 소화시키고 있는가?

✔ 당신은 의자에 느긋하게 앉아 아무 것도 하지 않고 그저 긴장을 푸는 일이 어려운가?

✔ 당신은 스스로 편안하지 못하다고 느끼고, '꾸물거리는 사람'을 보면 참을 수가 없는가?

위에 제시된 사항은 모두 인간 존재의 깊은 영역과 우리를 분리시키는 가속화의 증상들이다. 그런데 이 가속화는 우리를 어디로 이끌어가는가? 우리는 지금 거대한 행복을 위해 아주 빠른 길 위에 있는가? 빠른 속도로 치닫고 있는 우리의 삶은 삶의 깊은 의미를 빠뜨릴 가능성이 짙다. 내적 공허와 동기 상실은 치닫는 삶 속에 첩첩이 잠복해 있기 때문이다. 그렇다고 가속도가 붙은 삶의 템포를 우리가 의식을 가지고 스스로 선택하는 것은 아니다. 업종의 템포, 직업적 요구, 경쟁 압력이나 경력의 논리가 행위를 앞선다. 그러나 많은 가속도는 스스로 만든 것이기도 하다. 우리는 주어진 자유 공간을 현명하게 이용하지 못하며 사생활도 그릇되게 계획한다. 불안의 원인은 우리 존재의 깊은 영역 속에 내재해 있기 때문이다. 그러나 우리는 충분한 시간을 가지고 자세히 들여다보려 하지 않는다. 긴장을 완전하게 풀지 못해 몸과 정신은 긴장 속에서 고통받는다. 가속도는 모든 생활 영역에서 나타난다. 이런 상황에서 시간 관리 세미나는 우리에게 특별한 도움이 되지 못한다.

『네 삶의 속도를 늦춰라』는 개인을 위한 동반자로서 제공되는 것이며, 현대를 지배하고 있는 가속도 문화에 대한 구체적인 대안을 제시한다.

'속도 늦추기'의 철학

'속도 늦추기'란 말은 '제동을 걸어 안정을 찾고 긴장을 푼다'는 뜻이다. '속도 늦추기'는 멈추는 기술이다. 우리가 외부와 내부에서 몰아치는 충동을 그대로 따르지 않고 의식적으로 멈출 수 있다면 모든 것을 아주 자유롭게 결정할 수 있다. '속도 늦추기'는 우리가 시간과 속도에 대해 떠올리는 생각의 밑바닥에까지 파고들어 그 뿌리를 변화시킨다. 부단히 연습하면 삶은 더 많은 태연함, 평화로움, 들뜨지 않는 기쁨으로 자연스럽게 변할 것이다.

플럼빌리지에서는 "너는 도착했다, 너는 집에 있다"라는 모토가 하루 종일 울린다. '속도 늦추기'는 이렇게 집과 같은 평화의 내적 장소로 들어서고 그 곳에서 점점 더 자연스럽게 머물도록 하는 열쇠이다.

'속도 늦추기'는 긴장되지 않은 행동력, 기쁨과 집중된 이해력을 가지고 깨어 있는 삶을 살아가기 위한 방법이다. 이로 인해 우리의 의식은 확장되고 고정된 관념과 선입견은 서서히 풀려서 더 명료하게 보게 된다. '속도 늦추기'를 함으로써 한발 한발씩 인내와 신중, 안정과 평화의 가치를 우리의 삶 속에서 만들어 낸다. 우리의 뿌리를 더 단단하고 확고하게 서게 하는 것이다.

'속도 늦추기'는 상황에 따라 적절한 템포를 정하는 데 도움을 준다. 이로 인해 우리는 주위 환경과 습관, 지배적인 기존의 시간 문화에 덜 의존하게 된다.

또한 자기만의 리듬을 찾고 주위 환경과 조화를 이루며 사는 데 도움을 준다. '속도 늦추기'는 아래와 같이 업무 면에서도 여러 가지 효과가 있다.

✔ 업무에 더 집중하게 되어 실수를 적게 한다.

✔ 업무를 더 명료하게 보며 지나친 활동 욕구를 피하게 된다.

✔ 주변 환경을 더 잘 이해하고 더 깊은 관계를 맺는다.

✔ 몸에 주의를 기울이며 에너지를 아낀다.

✔ 적은 자원을 충분히 활용한다.

✔ 고정관념과 결단에 얽매이지 않는 아주 유연한 사고로 변한다.

✔ 상황의 본질에 대해 날카로운 시각을 가진다.

'속도 늦추기'를 통해 작은 일과 사소한 사건들이 다시 우리의 레이더 안으로 들어온다. 웃음을 짓게 되는 동기, 꽃잎 하나, 천천히 땅바닥을 스치는 느낌, 하늘에 떠 있는 구름 모양 등에 대해서 말이다. 감각이 예민해지면서 우리의 삶이 새로이 열리는 것이다. 이것은 일상 속에서, 신선한 체험과 작은 기쁨의 충만 속에서 직접 나타난다.

'속도 늦추기'는 우리 생활에서 새롭게 작용한다. 나는 '속도 늦추기'의 실천을 통해서 태연자약함을 새로 발견했고, 내 삶과 깊이 결합한 사람들을 수백 명이나 알게 되었다.

미친 듯한 질주를 멈추면 새로운 삶이 시작된다. 그것은 가속도를 요구하는 곳에서는 볼 수 없는 삶이다. 그것은 우리의 마음 깊은 곳을 울리고 고요함에서 자라나는 삶이다.

이 책은 '속도 늦추기'를 맛보고 여러 가지 연습을 통해 삶 속에서 일구어 나가는 여행에 당신을 초대한다. 이 여행을 통해 당신의 탐구정신이 깨어나 삶에 충만한 기쁨이 함께하길 진심으로 기원한다.

| 네 삶의 속도를 늦춰라 - 실행서 |

이제부터 '속도 늦추기'의 구체적인 사항을 소개하려 한다. 제1장에서 우리는 '속도 늦추기'를 위한 다섯 가지 열쇠를 배우게 된다. 이는 일상 속에서 우리들이 겪는 시간 경험을 근본적으로 변화시킬 수 있는 것들이다. 제2장에서 제5장에 걸쳐 우리 몸, 정신, 행동과 주변 환경의 상태를 찾아서 진단할 것이다.

이 책은 각 장마다 다섯 개의 절로 나뉘어, 예를 들어 '우리의 숨'이라는 절에서 이야기하는 것처럼 당신에게 '속도 늦추기'를 위한 구체적인 정지 지점을 제공한다(아래에 제시된 표를 보라).

'속도 늦추기'의 영역과 정지 지점

당신은 매 절의 마지막 부분에서 이른바 정지점이라는 것을 발견하게 될 것이다. 이 정지점은 🖐 표시로 알려 준다. 이 정지점은 일상에서 '속도 늦추기'가 깊이 익혀지도록 하는 것을 돕는다.

'우리의 손' 절에 나오는 정지점 표시의 예: 🖐... 당신이 선물을 건네 주기 전에.

이 표시는 당신이 선물을 주기 전에 당신 손의 상태를 한 번 주시할 것을 기억해야 한다는 뜻이다. 기억하고 멈추는 것이야말로 자신의 성급한 습관을 인식하고 변화시키기 위해 반드시 필요한 것이다. 우선 이 책에서 당신에게 알맞은 정지점을 선택하고, 부가적으로 더 찾기 바란다.

'속도 늦추기'는 당신 개인의 경험에 의해 살아난다. 이 책을 읽는 것도 좋다. 그러나 더 좋은 것은 이 책의 안내에 따라 연습을 하는 것이다. 책을 읽는 것에 상응하는 변화 없이 단지 머리로만 살펴보는 일은 우리를 마비시킨다. 그래서 각 절의 마지막마다 몇 가지 연습 사항을 제공했는데, 그 가운데 당신에게 직감적으로 알맞은 것을 선택하면 된다.

부디 이 책을 편안한 공간에서 긴장을 풀고 읽기 바란다. 읽기 과정에서 '속도 늦추기'를 연습한다면 당신에게는 변화 과정이 이미 시작된 것이다. 책을 읽는 동안 내면의 충동에 주의를 기울여라. 무언가가 당신을 조급하게 하는가? 책에만 충실하게 몰두해 있는가? 대각선으로 읽기, 성급하게 책장을 넘겨보거나 건너뛰는 식의 읽기는 피하라.

『네 삶의 속도를 늦춰라』가 당신에게 '멈춰!'라는 신호가 될 수 있다. 나는 당신이 자주 정지점을 기억하고 연습하는 일에서 기쁨을 찾기를 바란다.

제 1 장

'속도 늦추기'를 위한 다섯 가지 열쇠

첫 번째 열쇠 : 현재성

두 번째 열쇠 : 변화무쌍함

세 번째 열쇠 : 시작도 없고 끝도 없다

네 번째 열쇠 : 발전

다섯 번째 열쇠 : 리듬성

우리가 시간에 대해 마음 속으로 얼마나 깊이 생각하는 가에 따라 삶은 결정되고 그 삶의 속도와 방향도 정해진다. 우리 존재 모두는 시간 속에 서 있다. 그리고 시간에 대한 우리의 관념이 존재 전체를 관통한다.

시간의 현상에 대해 시대마다 다 다르게 생각해 왔다. 인간이 구성한 어떤 공동체이든 그 공동체에는 시간에 대한 일정한 관념이 존재한다. 이것이 그 사회나 그룹의 현실을 이해하기 위한 열쇠이다.

시간에 대한 관념은 우리 삶을 긍정적으로 설정하게 하거나 아주 복잡하게 만든다. "시간이 돈이다"라는 시간에 대한 관념을 한번 살펴보자. 시간을 경제화하는 관념은 몇 가지 설명을 가능하게 하지만 많은 것을 불가능하게 만든다. 이 열쇠는 우리 삶 속에서 어떤 문들을 열고 어떤 문들을 잠그는가? 이 열쇠는 우리를 어디로 이끄는가?

'속도 늦추기'의 여행에서 우리를 주도하는 관념을 비판적으로 살펴봄으로써 시간에 대한 파괴적 개념들로부터 우리를 자유롭게 할 것이다. 이제 우리는 세계에 대한 이해를 넓히기 위해 시간과 속도의 주제에 관한 새로운 열쇠를 시험해 볼 것이다. 나는 '속도 늦추기'에 대한 다섯 가지 중심 열쇠를 제시하고, 이 열쇠들이 시간 이해에 어떤 영향을 주는지 보여 줄 것이다.

첫 번째 열쇠는 현재성이다. 삶은 오직 현재의 순간에서 생겨날 뿐이며, 미래나 과거에서 생겨나는 것이 아니다.

이 열쇠는 우리가 매 순간 완전히 경험할 수 있는 삶을 위한 문을 열어 준다. 우리는 금방 일어난 일과 관계가 있다. 이것이 우리의 모든 것이다. 우리가 무엇을 마시고 있을 때 마시는 것이다. 화가 나면 우리는 화를 느끼게 된다. 맥박이 뛰면서 박동이 빨라지는 것을 느낀다. 우리는 화를 따로 떼어놓지 못한다. 이것은 행복을 지금 이 순간에 그 가치를 평가하고 놓쳐 버려서는 안 된다는 것과도 같은 의미다.

두 번째 열쇠는 변화무쌍이다. 모든 것은 언제 어디에서나 변하기 마련이다. 그대로 있는 것은 아무 것도 없다. 상황은 반복되지 않는다.

우리가 생각하는 것, 만들거나 씨를 뿌리는 모든 것은 변한다. 우리 존재는 다른 모든 형태들과 서로 영향을 주고받으면서 떠다니며 지나가는 덧없는 형태이다. 구름 한 조각, 잎사귀 하나, 씨앗 하나, 또는 어린아이를 보면 그 변화무쌍함의 속성을 알게 된다. 우리의 생각 하나만 보아도 그렇다. 일상 생활에서 변화무쌍함을 경험한다는 의미는 모든 사물의 부서지기 쉬운 속성을 인식한다는 것으로, 이 인식은 우리가 모든 사물에 대해 내리는 가치 평가를 높인다. 이는 내일이면 이미 부서져 버릴 수도 있다. 우리가 변화무쌍함의 열쇠를 사용하면 변화에 대한 두려움도 차츰 버리게 된다. 변화는 자연스러운 것이다. 나뭇잎은 시들고, 우리 몸은 늙고 얼굴에는 주름이 진다. 어두운 생각은 지나가 버린다. 변화무쌍함은 우리로 하여금 있는 그대로 놓아두도록 가르친다. 그것은 우리에게 외적인 변화에 대해 덜 의존하는 기쁨을 알게 해 준다.

세 번째 열쇠는 시작도 없고 끝도 없다는 것이다. 시작과 끝은 객관적으로 정해져 있는 것이 아니다. 존재하는 모든 것은 그의 선대와 후대가 있다. 스스로 생겨나는 것은 아무 것도 없다. 또한 결과가 따르지 않는 행위는 없다.

우리는 시작과 끝에 대한 생각에 자주 사로잡힌다. 지금 시작되었다. 지금 끝났다. 너무나 분명해 보이는 시작과 끝은 그러나 자연 속에는 존재하지 않는다. 씨름 경기에서는 시합이 시작될 때 이미 경기의 마지막 의식이 정해져 있다. 선거는 투표하기 오래 전에 이미 이루어졌거나 상실되었다. 시작과 끝은 정확한 관점에서 보면 언어의 약속에 지나지 않는다.

우리가 시작하는 각각의 모든 계획은 그것의 지나온 역사를 가지고 있으며 끝난 다음에도 계속 진행된다. 잃어버리는 것은 아무 것도 없다. 우리들의 진심과 관대함은 다양한 방법으로 우리에게 되돌아온다. 우리의 성냄과 분노도 마찬가지다. 우리는 우리 행위의 유산이며 현재 우리의 삶 속에 번성하고 있는 많은 것들은 앞 세대들이 뿌려놓은 씨앗인 것이다.

네 번째 열쇠는 발전이다. 모든 사물은 개인적 발전 과정을 바탕으로 하고 있으며, 그 발전 과정은 각 대상을 위한 특정한 고유 시간을 가진다. 이 과정의 '결과'가 성숙이다.

인간의 삶은 변화 발전한다. 우리는 서서히 성숙한다. 태아에서 갓난아기가 되고 어린아이가 된다. 학교에 다니고 사춘기를 맞이한다. 각 발전의 단계마다 우리의 몸과 마음은 변화한다. 각 발전의 단계마다 우리는 포괄적인 세계상과 작별하고 새로운 어떤 것 속에서 자라난다. 인간 존재는 발전을 뜻한다. 우리가 가진 잠재성을 실현할 때마다 그 뒤에 다음 번 발전 단계가 기다리고 있다. 이런 관점에서 우리는 결코 한 번도 완성이나 종결되지 않는다. 우리는 수년간 또는 수십 년간 순환을 그리는 가운데서 점점 빨라진다. 발전의 매듭은 우리의 외부와 내부에서 동일시되어 신중하게 풀려야 한다.

다섯 번째 열쇠는 리듬성이다. 우리의 삶은 다양한 외적, 내적인 리듬 속에 있다. 우리가 이 리듬을 인식하고 존중하면 그 리듬이 우리를 지탱하게 해 준다.

모든 것은 박자와 리듬을 가지고 있다. 심장의 고동, 바닷가에 밀려오는 파도와 숨결을 보라. 박자와 리듬은 자연 속에서도 고정되어 있지 않다. 심장은 기계처럼 뛰지는 않는다. 맥박은 여러 가지 흔들림에 좌우되는 것으로 감정과 생각, 질병과 육체의 행동에 의해 영향을 받는다. 감정이 알맞은 리듬을 잃으면 삶은 균형을 잃어버린다. 리듬이 타율적으로 정해지면 우리는 자유를 잃는다. 리듬은 삶의 박자를 규정하는 영향력이다. 행복한 삶에서는 여러 가지 리듬의 작용을 직접 느낄 수 있다. 우리가 리듬 속에서 움직이며 발전할 수 있으면 삶은 새로운 질을 얻는다.

'속도 늦추기'를 위한 이 다섯 가지 열쇠는 책 전체에 걸쳐 반복되어 나온다. 그런 이유로 나는 당신에게 잠깐 멈추라고 말할 것이다. 이 때 책의 앞쪽으로 돌아가 굵은 글씨로 된 다섯 가지 열쇠의 개념을 다시 한 번 천천히 읽어 보길 바란다. 또 한 단락마다 짧은 휴식 시간을 두어라. 이 열쇠가 당신 삶에서 오늘 어떤 역할을 하는지, 이 열쇠가 어떤 감정들을 해소시키는지 부디 페이지를 앞으로 넘겨 보라.

우리가 이 다섯 가지 주요 개념을 존중하고 애정이 가득 담긴 신뢰를 가지고 삶에 도입하면, '속도 늦추기'를 위한 문이 열리면서 포괄적인 발전의 여행이 시작된다. 이는 우리가 다른 사물을 보는 것이 아니라 같은 사물을 다르게 보게 되는 것이다. 시간에 대한 우리의 이해가 혁명을 일으킨다.

이 다섯 가지 열쇠를 도움으로 우리는 시간과 속도의 심층 차원 속으로 뚫고 들어갈 수 있다. 이 심층적 분석은 시간 관리와는 본질적인 차이가 있다. 시간 관리는 우리의 몇 가지 중요한 질문에 답을 제공한다. 즉, 우리가 어떻게 하루를 구성하는가? 방해받지 않고 일하기 위해 어떻게 자유 공간을 얻는가? 우리가 목표한 결과를 어떻게 따를 수 있으며, 우선순위를 정하는가 등이다. 그러나 이러한 시간 관리는 우리에게 본질적인 시간의 이해를 일깨워 주지 못한다. 시간을 사용하거나 조정하는 차원으로서 생각하는 것은 여전히 개인적인 독단 속에 갇히는 것이기 때문이다. 이 때 시간과 삶은 분리된다. 시간이 목표에 이르기 위한 도구로서 종속되어 있기 때문이다.

그러나 '속도 늦추기'는 그와는 다른 길을 가는 것이다. 이것은 긴장과 숨막힘, 조급함 뒤에 잘못된 계획이 숨어 있는 것이 아니라, 시간에 대한 제한된 이해가 숨어 있음을 알려 준다. 시간 관리는 시간 문제를 극대화시키는 데 반해, '속도 늦추기'는 우리가 삶의 시간을 다르게 체험하도록 도와 준다. 그럼으로써 우리와 시간과의 관계를 심오한 차원으로 변화시킨다. 그러나 우리는 여전히 일정이 적힌 달력을 이용하고 시간의 우선 순위를 정한다. '속도 늦추기'는 시간을 계획하는 것을 제외하는 것이 아니라 모든 것을 포함한다. 이 책을 우리가 오래 전부터 내려온 시간 관리 문제를 푸는 열쇠로 이해한다면, 그것은 시간과의 관계에서 더 많은 자유가 아니라 더 협소한 자유를 얻게 되는 위험에 빠지는 것이다.

☞ 첫 번째 열쇠 :

현재성

삶은 오직 현재의 순간에서 생겨나는 것이지, 결코 미래나 과거에서 생겨나는 것이 아니다.

독일에는 '정신의 현재(=침착)'라는 멋진 개념이 있다. 정신이 현재에 있는 사람, 즉 침착한 사람은 다른 사람들이 곤경에 처하거나 지나친 분주함에 빠져 있는 상황 속에서도 일을 올바르고 정확하게 한다. 그의 정신이 온전히 지금 현재에 있다는 것은 일어난 사건들에 치우치지 않는다는 뜻이다. 그렇기 때문에 무슨 일이 일어났는지 정확히 관찰할 수 있다. 온전한 정신이 현재에 있는 상태에서는 그 어떤 쓸데없는 생각이나 의미 없는 사변도 차단한다. 그것은 거대한 에너지를 방출한다. 정신이 현재에 있는 상태는 지금 현재의 순간에 완전히 발을 딛고 단단히 뿌리를 내리고 있다는 것을 의미한다. 우리는 어떤 일에든 완전한 주의력을 가지고 임하려 한다. 어떤 사람들은 이 상태에 이르기 위해 스스로 극단적인 상황 속으로 들어간다. 그들은 떨어지지 않으려고 집중을 요하는 암벽 등반과 같은 스포츠 등에 몰두하기도 한다. 그런 절박한 상황에서 우리는 여분의 모든 것을 버리고 완전히 현재에만 집중하게 된다. 이 상태는 우리에게 너무나 자유로운 기분을 줌으로써 중독이 될 수 있고, 항상 새로운 한계 상황으로 자신을 몰아가도록 한다.

일상 생활 속에서 우리가 현재성을 깨닫는다는 것은 중요한 문제다. 이는 명상을 통해 도달할 수 있다. 우리의 숨결과 육체, 정신과 환경을 체계적으로 관조함으로써 현재 순간에 일어나는 일에 대해 차근차근 의식을 확장하게 된다. 이것은 삶의 주위를 에워싸고 있는 습관과 몸에 밴 진부성을 약화시키고 직접적인 체험의 공간을 창조한다. 우리가 먹을 때 먹는 것이다. 음식을 먹으면서 다음 주에 할 일을 계획하지 않는다. 우리가 무엇을 먹고 있는지 깊은 주의력을 가지고 맛을 보고 먹는다. 이는 우리의 인지 능력을 향상시키고 우리를 환경과 더 가까워지도록 만든다.

이 문장을 쓰는 동안 내 몸에 균열이 생겼음을 느낀다. 내 몸은 주방에 가서 커피를 마시고 싶어하는 것이다. 몸은 점점 더 불안해진다. 같은 시간에 나는 내 생각을 관찰해 본다. 생각도 나를 얼른 일어서라고 재촉한다. 그리고 뭔가 약간 불편해지는데, 생각 속으로 그 불편함이 옮겨진다. 즉, '속도 늦추기'에 대해 쓰면서 흥분제인 카페인을 피 속으로 집어넣어도 될까? 이런 관찰을 하자 웃음이 났다. 욕구와 죄책감 사이의 이 얼마나 흥미로운 싸움인가! "그래, 난 무척 원해!" 내가 웃고 있다는 것을 인식한다. 그러자 몸의 긴장이 풀린다. 이 상태에서 내가 몸과 마음을 자세히 관찰하지 않았다면 나는 중요한 것을 놓쳐 버렸을 것이다. 어쩌면 커피를 마시면서 죄책감이 들었거나 내부의 싸움이 몸을 계속 긴장시켰을 것이다. 보이지 않는 것이 우리를 몰아붙인다. 그러나 삶을 주의 깊게 다루면 우리 삶은 풍부해진다.

우리는 왜 지금 현재 이 순간에 행복할 수 없는 것일까? 무엇이 우리에게 부족한 것일까? 정말로 무엇이 빠져 버린 것일까? 이 질문들이 항상 문제가 되는 것이다. 우리는 이미 생활하기에 아주 유용한 조건들을 많이 가지고 있다. 우리들 대부분은 비교적 자신의 건강과 좋은 음식에 만족하면서 아파트나 집을 가지고 있고 친구, 가족, 직장 등도 가지고 있다.

그런데 무엇이 정말로 부족한 것인가? 어떤 유령이 우리를 따라오고 있는가? 다시 말해 지금 현재의 조건 속에서 행복할 수 없다면 그럼 언제 행복이 가능한가? 이 질문에 대한 대답이 지금 이 순간에 기다리고 있다. 거기에는 기쁨뿐만 아니라 고통도 기다리고 있다. 완전히 분리되지 않은 현실이 우리를 기다리고 있는 것이다. 아직 손을 대지 않은 체험들과 상처들이 말이다.

이는 현재에 모든 것이 있으며, 우리가 이 조급증에서 멀어짐으로써 이 모든 일들을 관찰할 수 있다. 우리가 현실을 바로 눈앞에서 보게 되면 현실의 끔찍함도 대부분 사라진다. 도피는 종말이다. 삶의 속도를 늦춰라.

우리의 현재성이 되살아날수록 그만큼 더 자세히 바라볼 수 있게 되며, 그럴수록 놀라는 일도 적어진다. 이 책은 당신이 현재에 발을 딛게 하는 데 필요한 많은 동기들로 가득 차 있다. 일상에서 작은 연습들을 많이 하면 그것은 당신이 의식적으로 멈추고 삶의 원동력을 인식하도록 도와 줄 것이다.

정지점

🖐️ … 꿈 속에서 마냥 헤매고 있을 때

🖐️ … 억측과 사변에 빠져 있을 때

🖐️ … 웃기가 어려울 때

1_ 당신의 몸과 관계를 가져라. 몸은 지금 어떤 느낌인가? 몸은 바닥에 닿아 있는가, 아니면 다른 사물에 닿아 있는가? 어깨에는 어떤 느낌이 드는가? 당신의 몸을 표현하는 형용사 세 개를 적어 보라.

2_ 이 순간에 무엇이 당신의 삶을 행복하고, 완전하며, 완벽하게 만들지 적어 보라. 바로 지금 행복하기 위해서는 당신에게 무엇이 부족한가?

두 번째 걸음으로서 현재 삶의 단계에서 지지 기반이 되는 모든 긍정적인 주변 환경들을 적어 보라. 여기에는 물론 겉으로 보기에 너무나 당연한 것(집, 음식, 사회 보장 등등)도 포함된다. 이미 가지고 있는 것은 무엇인가? 하루 동안 당신을 지지하고 있는 것들에 대해 재차 주의를 기울여라. 그들에게 웃음을 보내라.

☞ 두 번째 열쇠 :

변화무쌍함

모든 것은 항상 그리고 어디에서나 변하기 마련이다. 그대로 있는 것은 아무 것도 없다. 어떤 상황도 반복되지 않는다.

변화무쌍은 우주의 기본 원리이자 우주가 포함하고 있는 모든 사물에 적용되는 원리이다. 가장 작은 티끌에서부터 거대한 은하계까지, 가장 작은 나무에서부터 가장 높은 산맥까지. 변화무쌍이 우리를 둘러싸고 있다. 변화무쌍이 우리에게 스민다. 우리가 주의를 기울이면 삶의 매 순간마다 이 변화무쌍함을 접할 수 있다.

십 년 전에 찍은 사진에 나오는 당신의 몸을 보라. 그 때 당신의 몸을 구성했던 세포들은 지금 거의 하나도 남아 있지

않을 것이다. 몇 분 동안 당신의 생각을 관찰해 보라. 생각이
비누거품처럼 비밀에 가득 찬 마음 깊은 곳에서 떠올라 몇 번
반복되다가 금방 다시 사라진다.

이제 당신의 주의력을 각각의 오감으로 돌려 보라. 보기,
냄새 맡기, 듣기, 만지기, 맛보기. 감각이 느껴지는 과정을 의
식 속에서 관찰해 보라. 뭔가 판단하거나 파악하려 하지 말고
의식을 그냥 이 모든 감각의 변화에 두라.

변화무쌍함이 언제나 현재에 존재함에도 불구하고 우리는
일상에서 그 존재를 잊어버리곤 한다. 우리 가운데 많은 사람
들은 다른 세상을 꿈꾼다. 그 곳의 모든 사물들은 확고하고
변하지 않으며 예측 가능하기를 원한다. 그리고 그 곳에는 예
기치 못하는 놀라움 따위는 배제되고, 모든 사물은 우리가 한
번 배우거나 얻은 그대로 항상 유지될 수 있기를 바란다. 우
리가 사물의 덧없는 속성과 관계하지 않으면 우리는 마치 영
원히 살 수 있기라도 하는 것처럼 처신하기 쉽다. 아니면 자
기가 항상 스무 살이라고 여기든가 말이다.

변화무쌍함의 열쇠는 신선하게 변화하는 세계, 발전하는
아이들과 동료 또는 친구들에게 시선을 두기 위해서 고정된
관념을 해체해야 한다는 것을 항상 기억하게 한다. 이 변화를

받아들이는 자세는 깊은 삶의 영역에까지 긴장이 풀리게 한다. 왜냐하면 우리가 고정시키고 싶어하는 각각의 모든 인상, 생각이나 의견들은 모두 우리 자신과 현실 사이에 있는 것들이기 때문이다. 흘러가는 현실을 붙잡아두려는 생각은 우리 삶을 망친다. 스트레스 치료 전문가로 유명한 의사 존 케벳-친(Jon Kabat-Zinn)은 변화무쌍함의 아름다움과 두려움에 대해 다음과 같이 표현했다.

이른 새벽에 나는 메인 주 북부에서 카누를 타고 노를 저어 호수를 건너가고 있었다. 나는 잔잔한 호수 위에 노를 저을 때 생기는 물보라를 관찰했다. 물보라는 얼마간 소용돌이를 그리다가 내 뒤로 사라졌다. 이 물보라의 소용돌이는 움직이는 물을 따로 떼어내 인식할 수 있는 물결 이외에 아무 것도 아니다. 내가 뒤를 돌아보자마자 물보라는 금세 다시 풀린다. 그 움직임의 에너지가 호수 속으로 사라진다. 호수와 노가 만들어 내는 일정한 조건들의 결과는 순식간에 공허의 형태로 나타난다. 살아 있는 존재 역시 눈 깜짝할 사이에만 나타나는데 겉으로 보기에는 독립된 존재, 즉 육체라 불리는 존재 형태로 나타난다. 그런데 사람은 얼마간 변함없이 보이다가 언젠가 문득 소

멸됨으로써 우리를 깜짝 놀라게 하고 두려움에 휩싸이게 하는
것이다.

삶에서 가장 놀라게 하는 것 가운데 하나는 변화, 상실, 죽음에 대한 공포이다. '속도 늦추기'를 더 깊이 이해하는 데에는 우리의 멈추기와 삶이 변하는 속성을 인정하는 일에 의해서만 이루어진다. 죽음을 면전에서 볼 때 말이다. 달라이 라마 스님은 자기 몸의 덧없음과 죽음에 대해 매일 명상했다. 이로 인해 얻은 결과는 삶에 대한 심오한 환희였지 비관적인 숙명론은 아니다. 우리를 덧없고 변하는 것으로 인식하게 되면 그 인식은 우리로 하여금 삶에 대해 차원 높은 가치 평가와 존중에 이르게 한다.

변화무쌍함을 인정하는 마음은 또한 불필요한 고통으로부터 우리를 보호해 준다. 우리는 변화 그 자체에 대해서보다는 변화를 인정하고 싶지 않은 거부와 공포로 인해 자주 더 많은 고통을 받는다. 흰 머리카락 자체는 고통을 주지 않는다. 그런데 얼마나 많은 사람들이 나이가 들어가는 것의 품위를 모른 채 쓸데없는 고통을 당하고 있는가?

향수를 잊지 못하는 사람들이 오래 전 삶에 가라앉은 세계

를 유지하려고 얼마나 많은 에너지를 소모하고 있는가? 가치 인정을 위해 반드시 필요한 슬픔, 이별을 거부하고 과거를 꽉 붙들고 있으면 쓸데없는 고통을 당하기 시작한다. 시간의 파괴력에 대항하여 거대한 변혁과 싸우는 일은 지나치게 긴장될 뿐만 아니라 비용도 많이 든다. 우리가 단지 변화를 참을 수 없다는 이유만으로 세상의 모든 것을 보호 문화재로 지정해 둘 수는 없는 것이다.

변화무쌍함은 아름다움이다. 창문을 타고 흘러내리는 아름다운 물 한 방울은 다른 물방울과 서로 섞이면서 계속 흘러내린다. 변화 없이 삶은 불가능하며 아무 것도 자랄 수 없다. 삶은 매 순간 지금 현재의 형태를 포기하는 것이다. 그것은 항상 새로운 그림이 솟아나오는 만화경이며, 저마다 자신의 고유한 아름다움을 가지고 있다.

우리 주변에서 끊임없이 생겨나는 작은 변화를 받아들이고 사실로 인식하면 서서히 변화무쌍함에 익숙해진다. 삶은 친밀함을 얻고 우리는 더 자유롭고 여유로워져서, 어떤 사물이나 사람들이 우리를 더 이상 얽어매지 않게 된다. 떨어지는 물방울을 붙잡아두려는 것이 무슨 의미가 있는가? 그것은 다른 좋아하는 것들의 의미를 반감시킨다. 가을뿐만 아니라 다른 계절도 의미와 아름다움이 있다. 우리는 늘 사물을 신선하고 생생하게 보아야 한다. 아침마다 내 옆에서 잠을 깨는 사람은 더 이상 밤마다 내 곁에서 잠이 드는 사람이 아니다. 우리는 변화를 있는 대로 보아야만 한다.

모든 사물의 변화무쌍함에 대해 의식을 가지고 사는 일을 불교에서는 해탈을 위한 문으로 여긴다. 규칙적으로 삶의 변화무쌍함에 대해 관조하면 우리 몸에 밴 생각과 확신, 습관으로부터 서서히 자유롭게 된다. 어떤 폭풍도 영원히 지속될 수 없다는 것을 생각해 보라. 어떤 일을 계획하거나 바라는 것이 반드시 이루어져야 한다는 강박관념으로부터 우리는 자유로워진다.

정지점

🔥 … 환자나 나이 많은 노인과 시간을 보낼 때

🔥 … 마음 속이 경직되고 긴장되었다고 느낄 때

🔥 … 샤워를 하면서 당신의 몸을 들여다볼 때

1_ 두 시간 동안 산책을 하면서 변화무쌍함의 눈으로 세상을 관찰하라. 변하지 않는 것을 발견하려고 시도해 보라.

2_ 지나가 버리는 것과의 관계를 모색하라. 하루 동안 당신과 마주치는 모든 노인들과 환자들을 주시하라. 그리고 그들의 입장이 되어 이렇게 중얼거려 보라. "나도 늙게 될 것이다"라고.

☞ 세 번째 열쇠

시작도 없고 끝도 없다

시작과 끝은 객관적으로 정해져 있는 것이 아니다. 존재하는 모든 것은 그의 선대와 후대가 있다. 스스로 생겨나는 것은 아무 것도 없다. 결과가 따르지 않는 행위도 없다.

오래된 자작나무를 관찰해 보자. 자작나무는 가을이 되면 수많은 열매를 맺는다. 열매는 땅에 떨어져 좋은 조건 아래서 움을 트고 뿌리를 내림으로써 어린 자작나무가 자라난다. 이 어린 자작나무의 삶은 언제부터 시작되었는가? 오래된 자작나무의 꽃이 수정했을 때부터인가? 열매가 가지에서 떨어진 때부터인가? 싹이 열매껍질에서 솟아나왔을 때부터인가? 첫 번째 뿌리나 첫 번째 잎을 싹틔운 때부터인가? 어린 자작나무의 시작에 대한 물음은 객관적으로 대답할 수 없다. 그리고 우리가 쉽고 분명하게 시작을 정하는 모든 것도 이와 마찬가지다.

시작은 사람들의 머릿속 생각에서 나온 약속의 정의일 뿐이다. 삶은 시작하지 않는다. 삶은 시작이 없다. 어린아이의 삶은 어머니에게 의존하지도, 어머니로부터 생겨나지도 않는다. 어머니와 아이는 하나다. 사물은 시작하지 않는다. 우리는 시대나 생산물을 정의하는 존재다. 그러나 정확하게 들여다보면 결코 한 번도 시작하지 않았고 결코 한 번도 끝을 맺지 않았다.

우리는 왜 시작을 그렇게 강조하는가? 그 이유는 우리가 우리를 개인이라고 정의하고 이 개인이 다른 사람들로부터 독립해 살아가고 주변의 사물을 창조한다고 정의하기 때문이다. 흔히 우리는 이렇게 말한다. "이 장소에서, 이 시점에서 내가 시작되었다"고. 그러나 생각해 보면 이 말에 우리는 얼마나 쉽게 속는가. 무(無)에서는 아무 것도 생겨나지 않는다. 애초에 자작나무가 없었다면 자작나무는 생기지 않는다. 뭔가 새롭게 형성되는 모든 것은 과거의 생각과 언어 그리고 행위를 토대로 만들어진다.

비록 내 자신이 이 책의 창조자라고 뿌듯한 자부심을 느낀다 하더라도 이 책은 무(無)에서 생겨난 것이 아니다. 내가 이 책을 혼자 고안해 만들어 낸 것이 아니라는 말이다. 이 책은 예전에 죽었거나 아직 살아 있는 사상가와 작가들의 수많은 생각과 말의 후일담이다. 이 책은 결코 단독으로 분리된 정신, 독불장군의 창조물이 아니라 과거의 정신들이 내 경험을 통해 채색되어 현재에 새롭게 흐르는 것이다. 그러니 이 책의 생성 과정을 나타내는 데는 창조나 창작이라는 개념보다는 연속과 발현이 더 적합한 개념이다.

내 스승은 죽지도, 잊혀지지도 않았다. 스승은 내 말 속에 계속 살아 있다. 이것이 바로 시작도 없고 끝도 없다는 의미의 본질이다. 우리는 엄청난 양의 유전학적, 생물학적, 문화적 유산에 의지하고 있다. 그러나 이것은 우리의 행동으로 인해서 크게 확장되는 성질이 아니다. 이 점이 우리가 겸손해야 하는 이유가 될 것이다.

시작과 끝을 정하는 일은 항상 분리됨을 뜻한다. 삶이 물리적 탄생에서 시작해서 물리적 죽음으로 끝난다고 생각하면 삶에는 오직 짧은 기간만이 남게 된다. 이런 식으로 생각하면, 이 짧은 시간 동안 우리는 가능한 한 뭔가 얻어내려고 정신없이 달리기에 몰두하는 것이 결코 이상한 일이 아닐 것이다. 그러나 그 반대로 앞서 간 사람과 뒤따라올 사람이 연결되어 있다고 느끼면 느낄수록 삶은 여유로워진다. 우리는 앞서 간 사람들이 우리 안에 살아 있다는 것을 의식하면 우리의 행위가 계속 우리를 살아 있게 하리라는 것을 느끼게 된다. 이로 인해 우리는 주변과의 벽을 무너뜨리고 에너지의 변환 속에서 우리들의 역할도 더 명백해진다. 그러면 책임을 인식하고 그 책임에 따른 적합한 행위를 하는 일도 더 쉬워진다.

이와 같은 일은 소위 모든 사물의 끝이라고 일컫는 일에도 역시 마찬가지다. 우리는 아무 것도 그저 간단하게 끝낼 수는 없다. 어떤 관계도, 어떤 프로젝트도, 어떤 습관도 말이다. 물론 우리는 헤어질 수도 있고, 또는 졸업 논문을 쓸 수도 있다. 하지만 과거는 그것으로써 종결되지 않는다. 우리는 죽은 사람들의 장례를 치르지만 그럼에도 불구하고 그들은 우리의 생각과 마음 속에 항상 살아 있다.

종결이라는 말은 종종 매우 이기적이다. 끝났다고 선언한다고 해서 과거를 떨쳐 버릴 수는 없다. 우리는 과거를 유지하고 더 깊이 이해함으로써 좋은 조건을 만들어낼 수 있고 그것을 통해 부정적인 일을 그저 투영하듯이 반복하지 않을 수 있다.

시작과 끝이라는 개념은 이러한 이해의 과정을 방해할 가능성이 있다.

만약 모든 행위에 시작이 없다는 것을 의식하게 되면 감사하는 마음을 발전시킬 수 있다. 우리가 얻은 성과물은 함께했던 모든 사람들을 보면서 그 성과가 나 혼자서 이룬 것이 아니라는 사실을 깨닫게 한다. 그래서 더욱 겸손해지는 것이다. 그리고 실패한 일에 대해서도 더 관대해지는데, 그 이유는 나 혼자만의 책임이 아니기 때문이다. 이로 인해 우리는 혼자 이룰 수 있다는 믿음도 점차 약화된다.

또한 우리의 행위에는 끝이 없다는 것을 알게 되면 책임의식이 자라난다. 우리는 행위의 결과가 이어지는 것을 보기 때문이다. 오늘 혹사한 우리 몸은 미래에는 움직이기를 거부한다. 우리는 항상 물려받는다. 어떤 것은 그 즉시, 어떤 것은 40세가 지난 뒤에 말이다. 그리고 어떤 일은 삶의 긍정적인 모습으로, 혹은 부정적인 결실로서 후세대에 물려지거나 유전되기도 한다. 우리가 한 모든 행위는 삶에서 결과를 가져온다. 그 결과는 말이 될 수도 있고 행동이 될 수도 있다. 그러나 우리가 생각조차 마음대로 할 수 없고 그렇다고 결과가 없는 것은 아니다. 생각은 이미 물리적 행위와 말의 바탕을 이

룬다. 이런 관점이 자기 자신과 다른 사람과의 관계를 더욱 신중하게 만든다.

그렇다고 시작과 끝을 정의하는 것이 전부 별 의미가 없다는 뜻은 아니다. 미팅을 시작하는 일, 결혼기념일, 장례식은 에너지를 한데 모아 우리의 의식을 정돈한다. 혼란스러운 일상 속에서 의미 있는 멈춤 신호는 방향을 제시해 주고 '속도 늦추기'를 위한 기회도 항상 제공한다. 그러한 예식은 시간의 깃발이며 길가에 있는 표지이다.

현실은 끊임없는 연속성이다.

정지점

🌾 … 새로운 프로젝트를 시작할 때

🌾 … 당신이 너무 자주 '나'를 주장할 때

🌾 … 평화 속에 전쟁이 있는 것 같고, 전쟁 속에 평화가 있는 것처럼 혼란스러워 보일 때

1_ 시작과 끝에 대해 명상하기. 서로 다른 세월 속에서 찍은 사진 열 장을 탁자 위에 올려 놓으라. 그 사진들 가운데에는 당신이 젖먹이였을 때의 사진, 바로 그 옆에는 어린아

이였을 때의 사진, 그 옆에는 초등학생 때의 사진 그리고 자유분방한 대학 시절의 첫 번째 애인이나 친구와 함께 찍은 사진 등등이 있을 것이다. 당신이 나이가 들수록 그만큼 더 사진의 종류는 다양해질 것이다. 이 각각의 사진 속에서 삶은 계속 흘러갔다. 젖먹이와 어머니가 공유하고 있는 것은 무엇인가? 어디에서 십대가 끝났으며 어디에서 대학생이 시작되었는가? 당신은 다른 사람과는 다른가? 이 사진들에 나타난 고리를 한번 찾아보라. 그러면서 연속성과 변화도 찾아보라. 사진의 왼편에 당신 부모님의 사진을 놓으라. 당신은 어디에서 시작했고, 지금 어디에서 끝이 났는가? 사진의 오른편에 당신 아이들의 사진이나 현재 생활에서 나타난 사물을 가져다놓아 보라. 총명한 아이들, 그림 또는 당신이 오래 간직하고 싶은 물건을 말이다. 그리고 이제 사슬 전체를 들여다보라.

2_ 당신이 끝낸 것을 보자. 그것은 정말로 끝이 났는가? 그것이 어떤 형태로 오늘도 여전히 당신의 삶에 나타나는가?

3_ 제2차 세계 대전을 생각해 보라. 그 전쟁은 1945년에 공식

적으로 끝났다. 이 전쟁이 어떤 형태로 오늘날 당신의 생각과 말과 감정 속에 나타나고 있는지 적어 보라.

⌇ 네 번째 열쇠

발전

모든 사물은 개별적 발전 과정을 바탕으로 하고 있으며, 그 발전 과정은 각 대상을 위한 특수한 고유 시간을 가진다. 이 과정의 '결과'가 성숙이다.

무엇을 발전이라고 표현하는가? 발전은 한 분야에서 우리의 자각과 의식성을 심화하는 과정을 말한다. 이 발전이 계속 나아갈수록 그만큼 우리는 자신과 주변을 둘러싸고 있는 세계에 대해 더 깊이 이해하게 된다. 이 때 우리의 자각은 좋은 조건 속에서 계속 확장된다. 어릴 때는 여러 가지 발전 단계가 쉽게 바뀐다는 것을 비교적 잘 인식한다. 그와는 반대로 성인이 되어서는 발전 과정이 어릴 때보다 더 복잡 미묘하게 전개되면서 인식하기도 어려워진다. 발전이 방해를 받으면 삶은 위기에 처한다.

불교의 심리학은 의식을 우리가 가꾸어야 하는 정원으로 생각한다. 이 정원에는 여러 가지 씨앗들이 숨어 있다. 기쁨의 씨앗, 신중함의 씨앗, 분노와 그밖에 다른 많은 씨앗들이. 씨앗 하나 하나마다 고유한 발전 속도가 있으며, 자라나기 위해서는 인내나 관심과 같은 특별한 거름을 필요로 한다. 이 발전의 논리는 '속도 늦추기'에 포함된 감정을 발전시키는 것과 관계가 있다. 우리 내부에서는 어떤 생각이나 결정이 자라나고 성숙하기 시작한다. 그저 아는 사이가 친구 관계로 발전하기도 한다. 훌륭한 정원사는 우리의 의식과 관계가 조화 속에 발전할 수 있는 꼭 맞는 조건을 만든다.

그렇다면 우리는 훌륭한 정원사들인가? 자신과 아이들, 프로젝트와 동료들에게 성숙과 건강한 발전을 위해 필요한 시간과 울타리라는 조건을 만들어 주는가? 그러나 불행하게도 우리 사회의 많은 사람들은 미성숙하다. "나는 모든 것을 너무 일찍 다 해 버렸다." 영화 〈라 붐〉으로 십대에 세계적으로 유명해진 프랑스의 여배우 소피 마르소는 이렇게 말한 적이 있다. 세상의 모든 것을 일찍 배우는 것이 우리 시대의 신조이다. 이로 인해 집단적 조급함도 늘어난다. 컴퓨터 분야에서는 많은 생산품들이 시장에서 성숙하기도 전에 이미 활용 불가능하다는 판단이 내려지기도 한다. 우리는 기다려 보지도 않고 오늘 벌써 발전의 결실을 누리려 한다. 아직 시작도 하지 않았거나 어쩌면 결코 시작되지 않을지도 모르는데 말이다. 그것은 우리의 인간 관계일 수도 있고 업무나 증권일 수도 있다.

성숙하다는 것은 멈추어 있는 상태를 의미하는 것이 아니다. 성숙이란 단계와 단계가 잘 진행되도록 하기 위해 기다리는 단계를 말한다. 우리의 능력은 연습을 통해 향상되며 대가의 경지에서 정점에 이른다. 이 때 우리는 자신을 몰아붙여 자신의 한계를 넘어서라고만 한다.

발전은 항상 이별이기도 하다. 예전에는 친근한 고향과 같았던 것을 포기하고 떠나야만 한다. 대신 선입견과 의견, 이론들만 살아남는다. 우리에게 발전의 기회를 더 이상 제공하지 않는 직장 업무와 이에 따른 관계들은 느슨해지거나 시간이 지나면서 해체된다.

발전은 행위와 무관심이 반복되는 가운데서 생겨난다. 사람들은 중국의 교훈서 『I Ging』에 나오는 귀환과 기다림 그리고 평정의 그림들을 알고 있다. 그 그림은 무위, 즉 의식적으로 내버려두는 상태를 묘사하고 있다. 이 단계 없이는 뛰어난 발전은 생각할 수 없다. 새로운 경험들이 삶 속에서 조화를 이루어가는 데에는 시간을 들이는 그 이상은 없다.

발전은 모범적으로 살다 간 사람을 필요로 한다. 영감을 주는 사람이 없으면 우리가 가진 고유의 잠재력을 알아내고 발전시키기가 어렵다. 뛰어난 업적을 이룬 현명한 사람을 알고 그 사람으로부터 배우는 것은 매우 가치 있는 선물이자 즐거움이다. 그들은 우리에게 현명하고 올바른 길을 가르쳐 준다.

　우리는 삶 속에서 무엇을 성숙시켜야 할지 관심을 기울여야 한다. 우리는 부정적인 씨앗만을 품고 있는 것이 아니기 때문이다. 우리는 의식의 정원사로서 부정적인 씨앗을 알아보고 그것이 더 자라지 않도록 뿌리뽑아야 한다. 삶을 성숙, 발전시키려면 주의력이나 집중력과 같은 긍정적인 씨앗을 가까이 하고 탐욕이나 성급함과 같은 부정적인 씨앗에 너무 많은 에너지를 빼앗기지 않는 것이 무엇보다 중요하다.

　지금부터 어떤 방향으로 당신의 삶을 발전시킬지 그리고 어떻게 효율적인 울타리를 쌓을 수 있을지 스스로에게 물어보라. 무엇이 부족하고 무엇이 채워졌는가?

　발전의 관점에 따라 세상은 다르게 보인다. 따라서 시간을 신뢰하면 그것을 조작하려 하지 않는다. 발전은 이해와 자신의 경험을 바탕으로 한다. 시간을 그대로 두어 우리를 위해 일하도록 해야 한다. 성과가 없거나 포기와 같은 정지 단계 역시 견

며내야 한다. 발전은 그저 일직선으로만 이루어지지는 않는다. 발전에는 인내가 필요하다. 토마스 만은 하루에 소설을 2페이지 이상은 쓰지 않았다고 한다.

삶 속에서 존재와 가치를 지닌 것들은 천천히 성숙하는 경우가 많다. 우리는 그것의 싹을 자르거나 매번 점검 목록에 올려놓고 결정을 내려서는 안 된다. "때가 이르렀다는 이념보다 더 강력한 것은 없다"고 빅토르 위고는 말했다. 이 시간을 우리가 취해야 한다.

정지점

🖐 … 어린아이들이 놀고 있는 것을 볼 때

🖐 … 정원을 손질할 때

🖐 … 의무적인 데드라인을 결정하기 전에

1_ 인지학에는 7년간의 시기에 대한 개념이 있다. 매 7년마다 우리 삶의 중심, 과제, 의문들이 연장된다는 것이다. 뒤를 돌아보고 당신의 삶에서 그런 발전 단계를 찾을 수 있는지 생각해 보라. 그 발전 단계에 맞는 이름을 붙여 보라. 당신이 지금 막 발견한 단계를 뭐라고 표현할 수 있는가?

2_ 현자라고 불리는 사람을 알고 있는가? 그러나 반드시 현자들을 만날 필요는 없다. 당신이 가진 사진이나 책에서 이미 발전을 앞당길 만남의 관계는 생겨난다.

🗝 다섯 번째 열쇠

리듬성

우리의 삶은 다양한 외적, 내적인 리듬 속에 있다. 우리가 이 리듬을 인식하고 존중하면, 그 리듬은 우리를 지탱시켜 준다.

인간의 삶은 몇 세기에 걸쳐 자연스러운 리듬으로부터 점차 멀어져 왔다. 오늘날 우리는 밤을 대낮처럼 훤하게 밝힐 수 있고, 한겨울에도 싱싱한 딸기를 먹을 수 있다. 우리는 시간을 가지고 인위적인 박자를 만들어 낸 다음 행동을 점점 더 강하게 그 박자에 맞춰 놓았다. 그러는 동안 우리 내면의 리듬성을 인지하고 표현하는 방법은 점점 약화되었다. 노화 현상 연구가인 하인츠 위르겐 카이저는 악기의 해석을 예로 들어 이 현상을 분명히 지적했다.

속도를 측정하는 박자기가 발명되기 전에는 음악의 시간 측정은 저마다 해석을 가진 개인의 규정에 의해 조정되었다. '생기있게' 또는 '장중하게'라는 리듬 표시가 뜻하는 바는 음악을 연주하는 순간에 그 박자가 정해졌다는 것을 의미한다. 박자기는 개인의 고유한 리듬을 기계적으로 확정하여 제시함으로써 재생산할 수 있는 박자로 대치했다. 이것은 진정한 리듬에서 벗어나는 일로 고정화된 박자의 연속이 생겨났으며, 그와 더불어 점점 더 강한 가속화도 생겨났다.

이 박자 관계는 '속도 늦추기'에 있어 본질의 문제이다. 우리 내면과 주위에는 어떤 박자기가 똑딱거리고 있는가? 우리는 어떤 박자를 따라가고 있는가? 일생 동안 행진을 하고 있는가, 춤을 추고 있는가?

우리의 감정이 리듬을 심화시키기 위해서는 자유로운 공간이 필요하다. 자유로운 공간은 시계의 움직임이 삶을 구성하는 것이 아니라, 한 번밖에 없는 일회성 속에 각각의 상황들이 구성하는 것이다. 시간, 연구 과제 그리고 업무 계획은 삶에 있어 깊은 의미를 줄 수도 있다. 그렇다고 그것이 다른 모든 생활을 지배할 필요는 없다. 그것은 목표에 이르기 위한 수단일 뿐, 그 외에는 아무 것도 아니기 때문이다.

존 프랭클린은 1823년 북해 여행에서 런던으로 돌아와서 뭔가 새로운 변화가 있음을 알아차렸다. 런던의 모든 시계 숫

자판이 하얀색으로 바뀐 것이다. 그리고 이전에는 항해용 정밀

시계에나 있던 초침이 대부분의 시계에 달려 있었다. 시계가

가리키는 시간과 인간의 활동 리듬이 모두 같아져 버린 것이

다. 그로 인해 삶의 정확성과 안정감이 더 생겨났더라면 존은

그 현상을 좋게 표현했을 것이다. 그러나 존은 사람들에게서

서두름과 시간에 쫓김만을 볼 수 있었을 뿐이다.

『느림의 발견』에서 발췌.

요즘 사람들은 시간을 '절약'하면 그 시간을 생활에 다시

사용하지 않고 또다른 가속화를 위해 이용한다. 이런 발전은

파괴로 이어진다. 나는 손목시계를 차지 않은 날부터 날마다

긴장을 늦추는 방향으로 점차 발전시켰다. 그런데 놀랍게도

시계를 차고 있을 때보다 내 생활은 더 정확해졌다. 당신은

이 책에 나오는 많은 연습을 통해 단단하게 굳어 버린 시간의

갑옷을 어떻게 풀어 버릴 수 있는지 배우게 된다.

'시계에서 벗어난 틈새'를 만들어 내면 삶은 생생함으로

가득 찬 리듬이라는 것을 알게 된다. 이는 주의를 집중하면

누구나 얻을 수 있다. 피로감과 깨어 있음, 속도와 느림, 삶은

이 양극 사이를 오가며 춤춘다. 고정된 박자에 쫓겨 행진하는 대신 말이다. 이 리듬과 조화를 이루어 사는 법을 바로 '속도 늦추기'는 요구하는 것이다.

시간이란 단지 생각에 지나지 않는다는 사실을 언제나 분명하게 인식하고 있어야 한다. 가장 강력하게 모든 삶을 관통할지라도 그건 그저 하나의 생각일 뿐이다. 서양에 널리 퍼진 시간 이해는 단선적인 성질이다. 사건은 차례차례 따른다. 하나 다음에 다른 하나가 이어져 온다. 그러나 시간에 대한 순환적인 생각도 있다. 순환되는 시간은 회귀의 법칙을 환기시키며 현상들이 상호의존 관계에 있음을 보여 준다. 밀물이 없으면 썰물도 없고, 들숨이 없으면 날숨도 없다. 우리는 어떤 시간 이해에 자신을 맡길지 선택할 수 있다.

목적을 위한 직선적인 사고 방식에서는 휴식을 성취 과정에서 제거해야 할 비생산적인 시간으로 여긴다. 순환적인 사고 방식은 그와 달리 휴식을 전체 과정에 포함되는 것으로 생각해 생산과 비생산의 차별을 두려고 하지 않는다.

활동과 휴식의 미묘한 상호 작용을 인식하는 것이 '속도 늦추기'의 핵심이다. 우리는 효율성이란 개념 아래 사라져 버린 크고작은 휴식을 어떻게 다시 찾을 것인지를 스스로에게 물어보아야 한다.

　오래 이어져 온 리듬이 끊어졌거나(해고, 퇴직, 이혼), 우
리가 리듬을 의식적으로 끊었을 경우(안식일, 여행) 당장 불
안감이 높아질 수 있다. 우리들 가운데에는 갑자기 생긴 여유
시간을 어찌해야 할지 몰라하는, 여유 시간에 익숙하지 않은
사람들이 많다. 그러나 우리 내면에는 불안감 속에서도 곧 새
로운 리듬이 생겨난다. 우리는 바로 이것에 관심을 기울여야
하는 것이다. 그러면 새로운 리듬이 살 수 있는 환경이 보이
게 된다. 우리 사회에 서로 다른 '시간의 틈새'가 얼마나 많
이 존재하는지를 알면 매우 놀랍다. 그러나 우리가 '쳇바퀴'
속에 끼어 있는 한 시간의 틈새를 상상하는 일은 어렵다. '속
도 늦추기'는 의도적으로 어떤 리듬을 내보내고 어떤 리듬을
받아들이느냐를 선택하는 것이다.

　우리가 리듬을 세련되게 만들면 자연적인 박자 감각은 발
달한다. 박자 감각은 현재의 상황을 전체적으로 감지하고 그
에 요구되는 적절한 행동을 취할 수 있게 하는 능력을 말한
다. 우리는 하나라고 느끼며 함께 흔들린다. 이 흔들림은 상
황마다 모두 다르다. '속도 늦추기'는 리듬과 박자 감각을 생

산한다. 박자 감각을 가지고 있는 사람은 일정하게 똑딱이는 박자기와는 전혀 다르다. 자신의 박자를 찾은 사람은 쉽게 일을 처리하여 자신의 행위를 품위로 빛나게 한다.

정지점

🐚 … 뒤에서 음악이 연주되고 있을 때

🐚 … 해가 뜰 때와 해가 질 때

🐚 … 교회 종소리가 들릴 때

1_ 아무에게도 방해받지 않는 당신만의 장소를 찾아라. 근래 어떤 리듬과 박자가 당신의 삶을 규정하고 있는지 스스로에게 물어 보라. 눈을 감고 순응하라. 일어서서 당신 삶의 리듬에 맞춰 춤을 춰라. 어떤 기분이 드는가? 당신의 내부에서 무엇이 솟아오르는가? 잠시 휴식을 취하라. 이제 행복한 삶에 대한 꿈을 가지고 춤추어 보라. 무엇이 다르게 느껴지는가? 하루 내내 이 기분을 간직하고 일상에서 이 기분을 더욱 강화하도록 하라.

2_ 주변에서 아름다운 나무 한 그루를 골라라. 그리고 일주일

동안 매일 그 나무와 가지, 꽃잎을 쓰다듬어라. 최소한 1분 동안은 그 나무를 관찰해 보라. 나무와 친근해지도록 노력하라. 그리고 이 나무를 세월을 두고 당신이 걷는 길의 동반자로 삼으라.

3_ 하루 동안 시계를 쳐다보지 않고 생활해 보라. 전원 속에서든 집에서든 상관없다. 오직 당신 내면에 있는 리듬에 귀를 기울여라. 당신이 피곤해지는 때는 언제인가? 언제 배가 고픈가? 이 욕구에 따르라.

제 2 장

네 몸의
속도를 늦춰라

"나는 생각한다, 고로 존재한다"라는 데카르트의 명제 이후 정신이 육체를 훌쩍 뛰어넘어섰고, 우리는 몸의 가속도에 점점 더 높은 속도를 올리게 되었다. 여러 분야에서 몸은 정신을 위해 봉사하는 기계 수준으로 전락했다. 프로스포츠맨, 보디빌더, 성형수술 전문가 등 이들 모두는 몸을 자기 의지대로 변형시킨다. 모든 분리는 고통스럽다. 삶에서 정신과 육체의 분리는 파국을 의미한다.

오늘날처럼 극심하게 몸이 이탈을 한 시대는 역사상 한 번도 없었다. 올림픽 게임이든, 고속열차든, 번지점프든 간에 할 것 없이 어떤 세대에서보다도 더 빨라졌다. 주말에 제트기를 타고 런던으로 쇼핑을 가든, 엑스타시 환각제로 더 빠른 세계의 리듬 속으로 들어가든, 우리는 몸에 너무 많은 것을 요구한다. 여행은 점점 더 빨리, 더 멀리 대륙을 횡단하면서 기후와 시간대를 넘나들고 있다. 우리는 아드레날린 수치를 높이고 심장을 더 빨리 고동치게 하기 위해 몸을 목표한 극한의 상황으로 몰고 간다. 뭔가 체험하고 싶은 것이다. 그리고 이러한 체험들은 종종 흥분과 동일시된다.

우리는 몸에 대해 조급증을 낸다. 빨리 잠이 확 깨거나 빨리 잠이 들어야 한다. 몸은 빨리 날씬해져야 하고, 빨리 근육이 잡혀야 한다. 예방이나 회복, 서서히 진행되는 재활 대신 단기 처치나 단기 치료 방법을 좋아한다. 우리는 점점 더 빨리 두통약이나 진통제를 집어들고 설사약을 써서 막힌 장을 청소한다. 그러는 동안 몸은 태어날 때부터 가속화가 시작된다. 자연분만 대신 무통분만이나 제왕절개가 더 빈번하게 시술된다. 아이들은 언제 자기가 이 세상에 태어날지 스스로 결정할 기회를 잃은 채, 말 그대로 세상 속으로 밀려나오거나 강제로 꺼내진다.

뿐만 아니라, 우리는 몸에게 더 많은 것을 요구한다. 영화, TV, 신문, 유행과 광고에서는 그 견본을 보여 준다. 모델의 '완벽한 육체', 육체미 선수와 배우들이 비현실적인 육체의 이미지를 집단 의식 속에 심어 놓는다. '정상적인 몸'은 점점 더 보기가 어려워진다. 이렇게 몸은 올바른 상태에 있지 못하고 가혹한 압력 속에 짓눌려 있다. 피트니스 육체 단련의 대부분이 건강을 해친다는 연구 결과도 있다. 그 이유는 무엇보다도 단련된 몸을 만들기 위해 무리하게 가해지는 요구 때문이라는 것이다.

안정된 상태로 가만히 앉아 있으면 몸의 가속화가 직접 느껴진다. 불안은 눈 주위의 신경질적인 떨림, 얼굴의 긴장, 딱딱하게 굳은 어깨, 신경질적으로 떨리는 손으로 나타나 느껴진다. 우리가 불안하면 몸의 모든 세포들도 불안해한다. 우리가 더 높이 뛰어올라 더 많은 것을 움켜쥐려 가속도를 내는 동안 모든 것은 완전히 소모된다.

각종 매체의 선전과 마케팅이 전문화되면서 몸은 영악한 선전심리학, 식이요법 그리고 다른 많은 전문가들의 타깃이 된다. 전문가들은 부분적으로는 몸의 작용 원리에 대해 우리보다 훨씬 더 훤하다. 그들은 소비자의 구매 결정이 의식이 있는 가운데 이루어지는 것이 아니라 거의 자동적으로 행해진다는 것을 아주 잘 안다. 의식적인 '속도 늦추기' 없이 우리는 너무나도 빨리 물건을 움켜쥔다. 조건에 따라 구매를 하는 고객은 그나마 괜찮은 고객이다. 가장 돈벌이가 되는 고객은 바로 충동구매에 중독된 고객으로, 이러한 현상은 심각한 문제다. 중독된 몸은 특정한 시기에 오는 불쾌한 긴장감을 해소시키기 위해 특정한 프로젝트나 체험을 필요로 한다. 그리고 우리는 모두 한두 가지 정도에 중독되어 있으며 크든 작든 대부분 사회에서 용인되고 있다.

'속도 늦추기'는 몸의 급박한 이런저런 요구에 더 이상 자동적으로 굴복하지 않고 멈추는 데서 시작한다. 다음 번엔 커피를 사지 말라거나, 마음을 안정시킨다는 구실로 담배에 불을 붙이는 행동을 하지 말라는 내면의 경고를 의식하고 받아들여 멈추는 것이다. '속도 늦추기'는 잠시 조용히 쉬는 시간을 가짐으로써 두근거리는 심장의 고동을 진정시킨 다음 너무 쉽게 마음을 빼앗겨 버리지 않도록 주의를 기울이는 것이다.

서양에서는 몸에 대한 사고의 전환이 시작되었다. 요가, 택견, 기공 등의 수련법이 수년 전부터 커다란 유행을 일으키고 있을 뿐만 아니라, 여행사는 '웰빙'이라는 모토 아래 몸과 정신의 균형을 찾으려는 새로운 관광을 위해 열을 올리고 있다. 우리는 몸을 만족시키기 위해 새로운 것을 배운다. 명상과 같은, 아직은 낯설고 이국적인 생활과 가까워지고 있다.

몸과 정신의 합일을 새롭게 발견함으로써 고통스러운 속박을 해체하려는 것이다. 주위에는 심근경색과 같은 병이 들어 몸이 끝장났다는 판결을 받고도 도무지 일을 멈추지 못하는 동료가 가까이에 있는지도 모른다. 또한 규칙적으로 요가와 명상을 몸소 실천해서 눈에 띄게 몸의 균형을 이룬 사람들도 있을 수 있다.

'속도 늦추기'는 육체의 감각을 필요로 하는 동시에 개발

한다. 몸을 잘 알면 알수록 몸의 직관적 지식에 이르기가 더 쉬워진다. 신경과민, 불안증세, 피로, 가쁜 호흡, 부단한 활동, 빠른 심장박동, 집중력 상실 등은 우리가 심각하게 받아들여야 하는 경고이자 멈춤의 신호이다. 그리고 무엇보다도 건강한 몸 상태란 완전히 긴장을 푸는 일과 밀접하게 관련되어 있다는 사실을 배워야 한다. 나는 깊은 이완 상태에 이르는 연습을 하는 동안 울기 시작하는 사람들을 많이 봐 왔다. 그들은 너무나 오랫동안 평온함과 따뜻함, 맥박, 육체의 기쁨을 느끼지 못했던 것이다.

우리의 몸은 자체로 기적이다. 그런데 우리는 이 사실을 아주 피상적으로 이해하고 있을 뿐이다. 몸은 긴장이 풀어진 상태에서 스스로 치유될 수 있는 잠재력을 가지고 있다. 다치거나 병이 든 동물들은 안전하고 조용한 장소에 몸을 숨기고 긴장을 풀어 몸의 자연치유력을 높인다. 이는 자연의 본능에 따르는 것이다. 우리는 이 자연치유력에 대한 신뢰를 많이 잃어버렸다. 규칙적으로 멈추고 긴장을 푸는 '속도 늦추기'는 아마도 건강을 유지하고 개선하기 위한 가장 효과적인 방법일 것이다.

'속도 늦추기'는 우리 몸을 너무 오랫동안 타인에게 맡겨

온 책임도 의미한다. 자신보다 자기 몸에 대해 더 잘 알 수 있는 사람이 어디에 있는가? 병이 들면 의학은 우리 몸을 샅샅이 조사하고 육체에 대해 수백 가지로 평가하고 분석한다. 의학은 복잡한 골절을 교정하고 맹장을 제거한다. 의학은 그 위상이 있으며 삶을 구원한다. 그러나 의학에는 본질적인 것이 숨겨져 있다. 어떤 의사가 시간을 내서 한 개인의 병을 근본적인 원인까지 밝혀낼 것인가? 어떤 의사가 우리 몸에 귀기울이고 자연치유력이 가동되도록 이끌어 줄 것인가? 어떤 의사가 몸이 느끼는 공포를 전달해 주고 자신의 비밀을 파고드는 고유한 경험을 통해 우리에게 용기를 줄 것인가? 동양의학과 서양의 자연치유법이 포괄적인 예방 차원에서 항상 환자의 심리 상태를 안정시키는 방법을 사용하는 것은 결코 놀라운 일이 아니다. 미국에서도 심장병 전문가가 최초로 약물요법 대신 명상요법을 도입했다. 요즘 붐을 일으키고 있는 '보디 마인드 치료법'이 그것이다.

우리 몸은 하나의 기적 같은 '속도 늦추기'를 통해 새로운 몸과 만날 수 있다.

몸 차원에서 '속도 늦추기'를 실행하기 위해서는 다음의 과정을 따라야 한다.

- ✔ 몸의 여러 가지 긴장 증세를 인지해야 한다.
- ✔ 몸에 대해 배우고 몸의 움직임을 안정시키고 멈추도록 해야 한다.
- ✔ 나쁜 습관과 움직이는 태도에 대해 알아야 한다.
- ✔ 몸에 좋은 습관을 들이고, 몸을 더 많이 존중하는 마음을 가져야 한다.
- ✔ 몸은 의지를 실천하는 대상이라는 인식을 버리고 몸과 평화 협정을 맺어야 한다.

듣기좋은 소리이긴 하지만 이러한 일을 어떻게 실현시킬 것인가? 여기서 내가 배우고 몸소 체험한 것들을 말해 보겠다.

나는 명상법을 배우면서 처음으로 멈춤의 기술을 알게 되었다. 명상 센터에 있는 시계나 종소리가 울릴 때마다 조금 전까지 하고 있던 모든 행동을 멈추는 것이다. 얘기를 하다 말고 우리는 입을 다물었다. 움직이다 말고 멈춰서 관심을 내면과 숨쉬기에 집중시켰다. 그런 식으로 나는 서서히 내 몸의 움직임에 대한 관심을 높일 수 있었다. 시간이 흐르자 이 멈춤은 나의 제2의 본성이 되었다. 움직이기 전에 의식하리라는 것, 즉 내가 움직임에 주의를 기울이는 것을 배우게 된 것이다. 시간이 지나면서 내가 미처 의식하지 못하는 사이에도 내 몸은 스스로 다 알아서 한다는 것을 관찰하고 매우 놀랐다. 내 손은 자의적으로 어떤 사물을 잡으며 머리카락을 쓰다듬거나 허공에서 그저 움직이고 있는 것이다. 이와 같은 것은 내 발을 보고도 알게 되었다. 두 발은 자신의 삶이 있는 것만 같았다. 내 마음을 더욱 더 놀라게 한 것은 내 발이 한 번은 이쪽으로 한 번은 저쪽으로 나를 조정하려는 것 같았다. 어떨 때는 움직이고 있는 중에도 다른 것을 곰곰이 생각하느라 온몸을 비틀거리게 하는 것처럼 보였다. 또한 내 눈은 제멋대로 이것 저것을 훑으며 항상 새롭고 흥미로운 대상을 찾았다. 그럴 때마다 종소리는 나로 하여금 멈출 수 있는 기회를 주었고 내 움직임을 알아차리도록 했다. 시간이 지나면서 나는 섬세한 몸의 반응을 느낄 수 있게 되었다. 누군가가 내게 불쾌한 이야기를 하면 나는 순간적으로 목이 긴장되면서 고동이 빨라지고 목소리가 변한다는 것을 알게 되었다.

불교에서는 하나가 세상 모두를 포함하고 있다고 이야기한다. 그 이야기는 내가 내 몸을 관찰하는 데서 분명하게 드러났다. 내가 불안해하면 이 불안이 내 몸의 각 부분에서 나타났다. 마치 3차원 입체 영상인 홀로그램 속에 있을 때처럼 말이다. 각각의 몸 전체 상태에 대한 정보를 얻기 위해 오직 한 점만 집중적으로 관찰해야 하는 것과 같았다.

나는 한 걸음을 걸을 때마다 현재의 기분 상태를 완전히 다 표현한다. 산보명상 단계에서는 먼지 속의 불안이나 기쁨을 고스란히 드러낸다. 내가 노트북에 좌절이나 낙관을 두드려대면 이 또한 삶의 모든 것을 포함하는 것이다. 내 손의 상태로부터 눈을 감는 상태까지 그리고 그 반대로도 할 수 있다. 신경질적으로 손가락을 탁탁 튀기면 내 뒷머리는 긴장한다. 그러나 내가 몸의 한 부분을 완전히 이완시키면 몸 전체의 긴장이 풀어진다는 것도 확실히 알게 되었다.

하나가 모든 것에 영향을 미친다. 이것이 바로 '속도 늦추기'의 각 과정에 핵심이 되는 것이다. 우리의 맥박, 눈, 움직임, 피부경련, 목소리나 웃음소리 등 이 모든 것에 적용할 수 있다.

그리고 나는 시간이 지나면서 점차 몸에 체력을 감소시키는 법을 배우게 되었다. 식사를 할 때 접시가 '와장창' 하고 깨지는 소리가 들려도 이제는 반사적으로 소리가 나는 쪽으로 몸을 돌리지 않는다. 이러한 내 몸을 통해 이러저러한 산

만함이 덜해졌음을 느낀다. 충동이 더 커지면서 명령을 내리기 전에 속으로 "멈춰!"라고 말하면 나는 다시 자유를 선택하게 된다. 이런 단계에 이르는 데는 명상 센터의 하루 일과를 구성하는 많은 종소리가 도움이 되었다. '속도 늦추기' 상태에서 내 몸은 규칙적인 진동 상태의 세계로 들어가는데, 어느 순간 가속화된 상태에 들어서면 서로 항상 충돌을 일으켰던 것 같다. 때로는 아주 미묘한 차이였지만 말이다.

| 우리 몸을 위한 다섯 가지 열쇠 |

제1장에서 우리는 '속도 늦추기'를 위한 다섯 가지 열쇠에 대해 배웠다. 이 열쇠들은 몸을 현실적으로 바라봄으로써 그릇된 생각을 하지 않게 하는 데 도움이 될 것이다.

현재성. 우리의 몸은 있는 그대로이다. 아마 예전에는 몸이 더 아름다웠고, 근육이 탄탄했으며, 더 매력적이었다고 생각할 수 있다. 그리고 지금과는 전혀 다른 몸이 되었으면 하고 바라기까지 했을 것이다. 한편으론 미래에 몸이 쇠약해지는 것을 불안해할 것이다. 그렇다고 걱정이나 한탄을 해 봐야 아무런 소용이 없다. 걱정과 근심은 다만 현재 ―바로 이 순간―

그대로의 몸과 이 몸을 위해 우리가 할 수 있는 일을 다른 그 릇된 방향으로 나가게 할 뿐이다. 지금 당신은 몸을 똑바로 세우고 앉아 어깨의 긴장을 풀고 몸에 웃음을 지어 보일 수 있다. 또한 자리에서 일어나 신선한 공기 속에서 몸을 움직일 수도 있고, 당신의 몸이 말하고자 하는 것에 주의를 기울일 수도 있다. 이제 이러쿵저러쿵 억측을 하지 말라. 의학이나 상담 산업에 종사하는 '육체 전문가'의 말을 맹목적으로 따르지 말라. 당신이 오롯이 현재에 있으면 몸과 마음은 스스로 하나가 된다. 그리고 지금 당신에게 꼭 필요한 것이 무엇인지 알게 된다. 어쩌면 그것은 따뜻한 물 한 잔일 수도 있고 십분 간의 휴식일 수도 있다. 그것이 지금 막 당신 몸에 어떤 영향을 미치는지, 몸 안에서 무엇을 해소시키는지 주의를 기울여 라. 술, 카페인, 니코틴이 직접 몸에 작용하는 바를 느껴 보라. 그저 가만히 앉아서 귀기울여 보라.

변화무쌍함. 우리 몸은 시간이 지나면서 녹이 슬고 원래 모습도 바뀌어 간다. 우리 몸은 끊임없이 변한다. 우리 몸은 늙고 병들고 죽는다. 이것은 피할 수 없는 삶의 현실이며, 모든 생명체의 현실이다. 모든 긴장감 뒤에는 항상 죽음에 대한 불안이 얼마간 숨어 있다. 그러나 우리는 이 불안을 몰아내려는 마음 대신 삶의 관찰을 통해 변화무쌍함을 기꺼이 받아들일 수 있다. 변화무쌍함은 삶의 중심 원리다. 마음 깊이 이완된 상태에서는 우리로 하여금 언제나 변화무쌍함과 죽음이 충돌하도록 한다. 이를 통해 마음은 아주 고요하고 평화로울 수 있다. 모든 변화를 내버려두고 변화무쌍함을 관찰하는 데 단련된 몸은 죽음과 쇠락의 공포를 극복할 수 있다. 우리 몸의 덧없음에 대한 명상은 나이가 들어가는 과정을 주의깊게 관찰하는 가운데서 깨달음을 얻는다. 이런 가운데서 '속도 늦추기'는 마음 깊은 곳에서부터 유지되도록 한다.

시작도 없고 끝도 없다. 우리 몸은 시작도 없고 끝도 없다. 삶이 언제부터 시작되었는가 하는 질문은 학문적 언어의 약속에 의해 생겨난 것이다. 우리 몸이 무(無)에서부터 실체로 나타난 순간은 존재하지 않으며, 몸이 실체의 형태에서 무(無)로 들어가게 되는 순간도 존재하지 않는다. 무(無)는 무(無)에서 생겨난다. 그리고 아무 것도 무(無)가 되지 않는다. 우리는 몇 초 만에 죽고, 몇 초 만에 태어난다. 이것이 몸의 생물학적인 현상이다. 우리 몸은 조상들의 몸을 이어받은 몸이고 아이들 몸 또한 조상들의 몸이다. 우리는 삶의 그물 속에 살아 있으며 삶의 그물을 통해 몸은 과거로부터 미래로 전해진다. 이 의미는 몸이 어찌 되든지 상관 없다는 뜻이 아니다. 우리는 이러한 것을 통해 몸 하나하나를 관찰하는 방법을 배울 수 있다.

발전. 우리 몸은 발전 과정 속에 들어 있다. 몸이 만들어진 뒤, 자라고 강해지고 성숙한 다음 늙어가다가 마침내 죽는다. 각 단계마다 정당성이 있고 각각의 주제와 아름다움이 있다. 이 점을 명료하게 보면 젊은 육체의 부러움이나 슬픔은 사라지고, 늙은 몸을 보면서 느끼는 불안도 사라지게 된다. 우리는 품위있게 늙을 수 있으며 과거를 회상하며 슬픔에 젖는 대신 발전의 주제를 삶에 긍정적으로 적용할 수 있다.

리듬. 우리 몸은 리듬을 가진 존재다. 몸은 주변에 있는 모든 리듬을 포괄한다. 밝음과 어두움, 계절과 달의 변화는 몸에 직접 영향을 미친다. 삶의 전부를 리듬으로 파악할 수 있는데 그 리듬 속에서 잠자고 깨기, 먹고 소화시키기, 숨을 들이쉬고 내쉬는 등의 과정이 지속적으로 발전한다. 우리가 몸과 조화를 이루어 살려고 한다면 이 리듬을 존중해야 하며 항상 깊이 이해해야 한다.

우리 몸은 생각, 감정, 주변 환경과 끊임없는 상호작용을 한다. 이 상호작용과 몸은 분리될 수 없다. 몸에 대한 관념을 바꾸고 항상 주변 환경과 정신 상태의 영향을 받아들이자. 몸과의 관계를 더 넓은 이해와 관심으로 기울여라. 그러면 우리는 더욱 높은 삶의 질을 모든 영역에서 다시 찾게 된다. 긴장으로 철갑처럼 굳은 몸은 '속도 늦추기'를 통해 서서히 풀 수 있다. 우리는 몸의 긴장을 규칙적으로 풀어 주는 것이 얼마나 좋은지 잘 알고 있다. 그러나 우리는 하루에 수백 번도 넘게 몸을 잊어버리고 관념과 습관, 프로젝트 따위로 자기 자신을 잃어버린다. 우리는 스스로 생활의 소용돌이에 계속 빠져들지 않도록 항상 일깨워야 한다. '속도 늦추기'는 달콤한 휴식의 닻이 필요한 몸과 타락과 망각 속에 빠지지 않기 위해서 꼭 필요하다. 이럴 때 더 없이 좋은 것은 숨쉬기, 걷기, 손, 음식과 수면에 관심을 집중시키는 것이다. 이러한 영역은 곧이어 소개되며, 구체적인 연습을 통해 심화할 수 있다.

| 우리의 숨 |

우리는 숨이 막히는 사회에 살고 있다. 많은 사람들이 숨이 턱에 차서 헐떡거리며 하루를 돌아다니는 동안 숨쉬기를

잃어버리기도 한다. 서양 문화는 인도의 요가 수행자들에 대해 거의 모르고 있다. 요가를 수련하는 사람은 민첩한 몸과 물 흐르듯 움직이는 눈으로 고요하고 품위있게 인도 대도시의 혼돈 속을 떠다닌다. 이러한 수행자들은 호흡법을 통해 깊고 고요한 평온함 속에서 산다. 이들은 숙련된 방법으로 숨을 가다듬고 숨쉬기를 벗삼아 평온함 밖으로 나오는 일이 거의 없다. 의식하는 가운데 긴장이 풀어진 숨쉬기는 조급함과 걱정거리로부터 우리를 자유롭게 해 준다.

안정된 숨쉬기의 영향력에 대한 이야기가 민담에도 있다. 나는 바이에른 지방의 선술집에서 급한 일이 일어났을 때 대처하는 삶의 지혜를 만났다. "급할수록 조금 돌아서 가라. 그러면 깊이 숨을 쉬게 되고, 평온을 유지하게 된다." 이것이 바로 '속도 늦추기' 의 시작이다.

당신은 지금까지 얼마나 진지하게 숨을 쉬어 왔는가? 지금 당신이 숨을 쉬었고 언제 건강한 폐에 대해 기뻐했는가? 담배를 피우는가? 당신의 숨이 보내는 신호를 이용하는가? 의식적으로 안정을 취하기 위해 숨쉬기를 적용하는가?

부디 지금부터 숨쉬기에 대해서 관심을 기울여 보라. 어디서 숨이 느껴지는가? 어떤 느낌이 드는가? 숨결의 리듬을 느낄 수 있는가? 또한 당신의 숨은 자연스럽게 나오고 다시 들어가는가? 그러나 숨에 대해 이러저러한 평가는 하지 말라. 그냥 있는 그대로를 받아들이라. 그리고 책을 읽는 동안 숨과의 관계를 계속 유지하라. 숨쉬고 있다는 것을 의식하라. 왜냐하면 당신이 살아 있는 것은 숨을 쉬기 때문이다. 살아 있는 한 당신은 숨을 쉰다. 숨은 긴장을 풀기 위한 열쇠다. 숨의 질은 삶의 모든 면에 영향을 미친다. 숨쉬기를 통해 긴장을 푸는 전통을 이어온 여러 스승들이 당신에게 이 점을 확인시켜 줄 것이다. 숨은 우리의 복잡한 이 순간을 깊이 가라앉히고, 긴장을 풀기 위해 통과해야 하는 문이다. 숨과 친해지는 것은 '속도 늦추기'를 위한 핵심이다.

의식적인 숨쉬기는 몸과 정신을 잇는 가교 역할을 한다. 그것은 우리를 현재로 다시 돌아가게 하며, 걱정이나 공격적인 감정 속에서 길을 잃지 않도록 해 준다. 우리는 주의력을 숨에 기울일 수는 있지만 동시에 먼 미래에 둘 수는 없다. 의식적인 숨쉬기를 통해 우리는 마음 속의 조급증을 알아채고 멈출 수 있다. 그럼으로써 우리는 몸과 정신의 분열로부터 하나가 될 수 있다.

의식적인 숨쉬기는 여러 가지 불안을 해소하도록 도와 준다. 불안과 숨은 가장 밀접하게 연결되어 있다. 숨이 막히면 불안해지고, 불안은 숨을 앗아간다. 숨쉴 틈이 없게 되면 아주 쉽게 감정의 노리개가 된다. 당신이 연설이나 중요한 발표를 하는 상황을 한번 상상해 보라. 그 순간에는 대부분 숨이 막히고 불안이 엄습하기도 한다. 첫마디를 떼기도 전에 숨이 가쁘고 얕아진다. 그러나 우리가 이전부터 숨과의 관계를 지속적으로 맺어 왔다면 이와 반대로 불안을 쉽게 떨쳐낼 수 있다. 항상 올바른 숨쉬기를 하면 숨은 마음을 부드럽게 껴안아주고 우리를 평화 속으로 데려다 준다.

숨은 세상에 존재하는 자연 안정제 가운데 가장 효과가 뛰어나다. 숨쉬기에는 처방전이 따로 필요 없으며 언제든지 이용할 수 있다. 숨은 언제 어디에나 항상 존재하며 우리에게 활력을 준다. 숨은 가볍고, 산성 물질을 줄여 주며 몸에 유해한 세포의 활동도 억제한다. 그러나 무의식적인 숨쉬기는 생기를 빼앗아간다. 우리가 병이 났을 때 숨쉬기를 의식적으로 해 보는 것이 필요하다. 의식적으로 병든 부분에 숨을 불어넣어 불안한 마음을 쓰다듬으면 민감해진 위장을 다스릴 수 있고 고통을 위로할 수 있다. 그럼으로써 치유 과정에 긍정적인 영향을 준다.

당신은 숨으로부터 얻는 직접적인 결실을 보게 될 것이다. 숨은 우리를 집중하게 만든다. 숨과의 결합은 집중도를 높이기 때문에 주의력을 기르기 위한 다리이기도 하다. 또한 숨은 가속화의 모든 형태에 조기경고 시스템 역할을 한다. 숨은 우리에게 지금 어떤 감정과 생각들이 일어나고 있거나 막 생겨났는지를 알려 준다.

당신은 책을 읽는 동안 숨과의 관계를 유지할 수 있었는가? 숨과의 관계는 늘 쉽게 잊어버리기 쉬운 것으로, 그 관계를 잃어버리면 항상 다른 한 부분을 잃어버린다. 만일 당신이 숨과 친해지려면 훌륭한 스승의 체계적인 가르침과 연습이 필요하다. 오늘날 우리는 수천 년이나 된 아시아의 호흡 수련원에서 체계적인 안내와 쉬운 호흡법을 찾을 수 있다. 요가, 주의력 명상, 기공 등 여러 가지 수련을 통해 가빠진 호흡과 긴장을 풀어 조화로운 삶과 마음에 평화를 얻을 수 있다.

정지점

🪶 … 교외로 나갈 때

🪶 … 숨을 헐떡거릴 때

🪶 … 불안하고 신경질이 날 때

1_ 평온한 곳에서 의자에 앉아 등을 똑바로 편 자세를 취하라. 바닥에 발바닥이 닿은 것을 느껴라. 긴장을 푼 뒤 한 손을 배 위에 올려놓아라. 숨을 쉴 때마다 손이 올라가고 내려가는 것을 관찰하라. 이 과정을 억지로 하지 말고 자연스러운 상태로 내버려두려고 해 보라. 숨에 웃음을 보내라. 당신 삶에 필수불가결한 에너지를 주는 것은 숨이며, 숨 없이는 삶이 불가능하다는 것을 분명히 인식하라.

2_ 틱 낫 한 스님은 전화기를 멈춤과 이완의 신호로 이용하라고 권했다. 전화기가 울릴 때 곧바로 받지 말고 세 번 정도 울릴 때까지 기다려라. 스스로에게 그리고 전화를 건 사람에게 한 번 웃고 숨을 가다듬어라. 그런 다음 수화기를 들어라. 이 의식적인 멈춤이 통화하는 분위기의 긴장감을 현저하게 누그러뜨린다는 것을 알게 될 것이다.

| 우리의 걸음 |

의식적으로 걷는 일은 '속도 늦추기'의 심장부에 해당하는 중요한 일이다. 매 걸음걸이마다 침착함과 안정, 평온을

가져올 수 있으며 이와 반대로 생활의 스트레스와 조급함을 강화시킬 수도 있다. 하루 동안 당신이 걷는 길의 주위를 천천히 둘러보라. 길에서 만나는 사람들의 걸음걸이는 어떤 삶을 드러내고 이야기하는가? 그들의 걸음걸이에서 무엇이 느껴지는가?

우리의 걸음걸이마다에는 가장 구별하기 쉬운 성질을 가지고 있다. 가벼운 걸음걸이, 긴장된 걸음걸이, 안정된 걸음걸이, 자유로운 걸음걸이, 힘찬 걸음걸이 등. 그러나 비틀거리고 머뭇거리고 조급하고 성급하고 분노에 찬 걸음걸이도 있다. 각각의 걸음걸이마다 감정 상태를 표현한다. 걸음걸이 가운데 추상적인 것은 아무 것도 없다. 걸음걸이는 삶의 역사를 이야기하고 있으며 삶의 길을 확정한다. 그것은 삶의 방향과 질 그리고 속도를 제시한다. 따라서 우리가 삶의 방향과 질 그리고 속도를 바꾸기 시작하면 걸음걸이도 바뀐다. 이를 위한 열쇠가 걸음걸이에 숨어 있기 때문에 주의를 기울여야 하는 것이다.

이 깨달음은 내 삶의 속도를 늦추는 데 큰 충격과도 같았다. 걸음걸이가 나를 재촉하여 함부르크의 영화관으로 들어가게 만들었다. 그 곳에서는 불교의 선승 틱 낫 한 스님이 인도를 두루 순례하면서 기록한 다큐멘터리 영화가 상영되고 있었다. 영화의 제목은 『깨어 있는 걸음걸이』였다. 나는 영화관 좌석에 앉아 생전 처음으로 걷기명상을 하는 사람을 보았다. 천천히, 의식을 가지고, 가장 집중된 걸음걸이였다. 매 걸음마다 이야기를 나누었다. 걸음마다 삶의 깊은 차원을 울리는 것처럼 보였다. 게다가 그것도 명상 센터의 넓고 조용한 홀 한가운데에서가 아니라 인도의 혼잡한 대도시에서였다. 한발 한발 내딛는 걸음걸이는 마치 인간의 마지막 길을 가는 최후처럼 내딛어졌다. 어떤 걸음걸이도 성급하게 도달하기 위해 희생되는 것으로 보이지 않았다. 내가 영화관에서 나오자 광장에는 새하얀 흰눈이 소복이 쌓여 있었다. 나는 뽀드득 소리를 내는 흰눈 위에 발걸음을 천천히 아주 조심스럽게 옮겼다. 그 날 밤 나는 태어나서 두 번째로 걸음에 대해서 새로 배우기 시작했다고 말할 수 있다.

무엇이 나를 그렇게 뒤흔들어 놓았던가? 그것은 무엇보다도 자유롭게 땅에 발을 딛지 못하는 내 상태였고 저 멀리에 있는 목표를 향해 달음질치는 내 걸음걸이였다. 나는 삶에서 길 자체가 목표가 아니라 길의 질이 목표가 되어야 한다는 것을 명확히 깨닫게 되었다. 내 걸음걸이에서 알 수 있었던 것은 걸음걸이가 내 삶의 다른 영역에서 반영되고 있었다는 사실이다. 내 걸음걸이는 목표를 위한 수단이 되었던 것이다.

당신도 혹시 알고 있을지 모른다. 우리에게 그저 걷는 것만으로는 충분치 않다는 것을 말이다. 우리는 다음 번의 목표에 방향을 맞추느라 발 밑의 뽀드득거리는 흰눈을 느끼지 못한다. 우리가 주의를 기울이면서 걸으면 정신이 깨어난다. 그것은 아무 생각 없이 걷는 쓸데없는 일과는 전혀 다르다.

주의깊게 걸으면 우리는 단순한 걸음걸이와 새로운 관계를 기쁘게 맺게 된다. 한걸음 한걸음마다 걸음의 질에 주의를 기울임으로써 우리는 이 질을 삶 속에 들어앉힐 수 있다. 당신도 일어서서 걷기를 시작해 보라. 주의를 기울이면서 아주 천천히 말이다. 이제 매 걸음마다 다음과 같은 걸음의 질을 낮은 목소리로 말해 보라. "똑바로. 긴장을 풀고. 자유롭게." 5분간 걷는 동안 가끔 이 세 가지 것을 말하라. 지금 당신은 책을 한쪽으로 밀어놓고 어깨의 긴장을 풀려고 팔을 자유롭게 흔들고 있는지도 모른다. "똑바로. 긴장을 풀고. 자유롭게." 만일 당신이 매일 걸을 때마다 이 단어들을 되뇌이면 당신의 삶은 새로운 질을 얻게 된다. 짧은 길을 걸을 때도 -화장실을 간다든지, 복사를 하러 간다든지, 전화를 받으러 갈 때- 이런 의식을 가지고 걸을 수 있다는 것은 대단한 일이다. 그리고 무엇보다 중요한 것은 이러한 것을 항상 기억하고 연습해야 한다. 이제부터 커다란 기쁨을 체험하라. 그리고 당신의 걸음걸이에 다시 주인이 되어라.

　주의를 기울여 걷는 것의 또다른 효과는 삶의 안정감을 가져다 준다는 것이다. 우리가 서 있으면, 서 있다는 것을 의식하게 된다. 우리가 서 있다는 것은 우리 발 아래서 떠받치고 있는 땅과 관계를 맺은 상태에 있는 것이다. 우리는 발바닥을 땅과 접촉함으로써 확고하게 서 있게 된다. 이렇게 함으로써 우리는 균형을 잃지 않고 더 안전하게 서 있게 된다. 우리는 점점 더 많은 시간을 정신적인 활동에 써 버리곤 한다. 이 때문에 더 헤어날 수 없는 위험에 빠져 생각 속에서 스스로를 잃어버린다. 특히 컴퓨터 화면 앞에 있을 때 이러한 현상은 더 심해진다. 그러나 컴퓨터 앞에 앉아 있는 동안 두 다리를 탁탁 마주치거나 다리를 꼬고 앉는 대신 두 발에 긴장을 풀고 바닥에 댐으로써 바닥과의 관계를 유지하는 것만으로도 많은 도움이 된다. 나는 오랜 시간 일에 몰두하면서 발을 땅에 붙이는 일을 잊어버리곤 했다. 이 때문에 등과 허리 전체가 규칙적으로 긴장이 되고 때로는 두통이 생기기도 했다.

그러나 해가 거듭되면서 걷기는 내게 아주 즐거운 일이 되어 버렸다. 현재 나는 올바른 걷기를 통해서 효과적으로 긴장을 풀곤 한다. 새로운 걸음걸이는 나로 하여금 내 인생이 바로 지금 다시 시작되었음을 일깨워 준다. 또한 길 끝에서 날 기다리고 있는 것은 아무 것도 없다는 것을 기억하게 한다. 비틀거리거나 들뜨기 시작하면 나는 걸음을 멈추고 새로 시작할 수 있다. 새로운 걸음걸음마다 '속도 늦추기'를 위한 기회가 있다.

언젠가 평화행동주의자인 여성이 내게 들려 준 이야기가 있다. 70년대 프랑크푸르트의 은행 밀집 지역에서 평화시위행진에 참가한 적이 있는 그녀는 당시 사람들 사이에 널리 팽배한 분노, 절망, 공격 성향을 기억하고 있었다. 30년이 지난 뒤, 그녀는 우연히 바로 그 곳의 거리를 다시 걷게 되었다고 한다. 이번에 가진 평화시위행진에서는 참가자들이 새로운 걸음걸이로 행진을 하더라는 것이다. 그녀는 그 경험을 이렇게 말했다. "나는 그 순간 이제야 우리가 평화를 만들어 낼 수 있다는 것을 깨달았다. 이 평화는 우리 스스로가 만들어 놓은 것이다. 평화시위행진이라면서 참가자들이 발로 땅을 쾅쾅 구르며 화를 낸다는 것은 참으로 부조리한 것이다." 두 번째

시위는 그와는 반대로 참가자들의 침착함과 평화로운 행진을 이끌어 냈다는 것이다. 이 시위 현장에서 사람들은 매 걸음을 뗄 때마다 평화를 가져오려고 했다. 외적 평화를 위한 전제 조건으로서 내면의 평화를 말이다. 이것이 바로 '속도 늦추기'의 진정한 구현이다.

정지점

🐚 … 비틀거리거나 무릎을 자꾸 부딪칠 때

🐚 … 화장실 가는 길에

🐚 … 중요한 회의를 하러 가는 길에

1_ 나무로 만들어진 바닥에서 고요하게 당신의 길을 걸어 보라. 손으로 두 귀를 꼭 막아라. 걸음을 걸을 때 당신의 내부에서 어떤 소리가 울리는가? 그것을 묘사해 보라. 이제 고양이처럼 가만히 걸어라. 의식적으로 발을 부드럽게 굴려라. 두 손은 계속 귀를 막은 채. 발걸음 소리의 질이 어떻게 달라졌는가?

2_ 정신없이 복잡한 장소에 나가 보라. 당신이 즐겨찾는 광장

이나, 사람으로 **빼곡한** 백화점이나 민속 축제 등에 말이다. 보통 걸음걸이의 절반쯤 되는 속도로 걸어 보아라. 그리고 걸음걸음마다 주시하라. 시선을 멀리 두고 주변과 관계를 가져라. 걸음걸이와 숨을 유지하고 외부의 다른 속도에 휩쓸리지 말라. 당신이 정한 속도를 즐겨 보라.

3_ 규칙적으로 걸어가는 '속도 늦추기' 구역을 정하라. 책상에서 복사기로 가는 길도 상관없고 매일 오르내리는 계단이라도 된다. 이 구역을 표시해 두고 천천히 걷는다는 생각을 가지고 행하라. 계속 그렇게.

| 우리의 손 |

임마누엘 칸트는 손을 우리 몸의 '외부의 뇌'라고 했다. 손은 사고의 저편에 있는 지성이 몸으로 나타난 것이다. 까마득한 태초에 우리가 이성적으로 생각하기 시작했을 때, 두 손은 세상을 '움켜쥐는' 것이었다. 개념의 파악이 없는 상태에서 자연적인 파악은 곧 움켜쥠이었다. 우리 몸 가운데 손만큼 다양하게 사용하는 신체도 없다. 끊임없는 연습과 경험을 통

해 두 손은 수백 가지를 완전하게 할 수 있다. 손은 더듬고, 들고 있고, 쥐고, 긁을 수 있다. 칼질을 하고, 글을 쓰고, 쓰다듬고, 두드리고, 그 밖에도 많은 일을 할 수 있다. 연습을 하면 손은 악기나 기계를 다룰 수 있다. 우리가 움직이는 일 가운데 거의 모든 것은 손을 통해서 이루어진다.

이러한 손의 특성이 '속도 늦추기'를 위한 이상적인 동기를 부여한다. 우리가 무엇을 하든 상관없이 불안은 항상 손으로 먼저 오고, 하는 일의 모든 질에 영향을 미친다. 손은 떨리고, 삐끗거리고, 잡아당기고, 물건을 만지작거린다. 손은 우리 생활의 흐름을 깨거나 방해하기도 한다. 단 하나가 모든 것을 포함한다. 손은 우리의 전체 상태를 항상 드러내고 있다.

나는 플럼빌리지 명상 센터에서 자주 일을 통한 명상에 들어갔다. 일을 통한 명상은 음식 만들기, 창문 닦기, 화장실 청소하기, 나무 손질하기 등 다양한 일을 주의를 기울이는 분위기 속에서 실천하는 것이다. 이것은 일한 결과에 집중을 하는 것 대신 어떻게 일했는지 과정에 관심을 둔다. 이 방법을 통해 나는 짧은 시간에 사람들이 일하는 개인적인 방식과 동기에 대해 놀라울 만치 많은 것을 배웠다. 그리고 그것은 우리에게 아주 빠른 효과를 보였다. 나는 한 상담 매니저에게 뽀족한 곡괭이를 주면서 -일 명상을 하면서- 길을 닦는 일을 도와 달라고 한 것이 기억난다. 나는 그에게 일하면서 계속 자신의 손 상태를 주시하고 의식적으로 긴장을 풀자고 제안 했다. 이 작업의 목표는 그가 길을 완성하는 것이 아니라 자 신과 손과의 관계를 올바로 유지하고 그 관계가 무너질 때마 다 멈추게 하는 것이었다. 30분이 지나자 그는 거칠게 숨을 몰아쉬고 뾰족한 곡괭이 위로 땀을 흘리면서 휴식을 취했다. 나는 다시 한 번 손에 대해 잊어버리지 말라고 일러 주었다. 작업 시간이 끝나고 나서 그는 다음과 같은 자신의 경험을 들 려 주었다.

시간이 지나자 내가 잔뜩 긴장해서 곡괭이를 꽉 움켜쥐고 있다는 사실을 알아차렸다. 나는 잠시 동작을 멈추고 이 녹슬 고 형편없이 낡은 곡괭이로 일을 해야 한다는 것에 화가 난다 는 것을 느꼈다. 또한 일이 나에게 전혀 기쁨을 주지도 않을 뿐 만 아니라 지독하게 스트레스를 준다는 것을 느꼈다. 아무도 나에게 일하라고 재촉하는 사람이 없는데도 말이다. 내 불안은 꽉 움켜진 주먹손에서 분명히 느껴졌다. 나는 다시 일을 시작 하면서 이번에는 손에 긴장을 풀어야겠다고 마음먹었다. 그러자 내가 힘의 일부분만 사용해도 된다는 사실을 깨닫고 무척 어리둥절했다. 움직임이 한결 더 편해졌다. 그리고 나는 여름의 향기가 나는 숲이 나를 둘러싸고 있다는 사실을 깨닫게 되었다. 그것은 내 손이 곡괭이의 강철을 꽉 움켜잡고 있지 않은 단 몇 초 사이에 느낀 것이었다. 그 때 나는 내 손의 상태가 일반적으로 내가 일하는 방식을 얼마나 잘 반영하고 있는지를 파악하게 되었다. 평생 동안 나는 불필요한 긴장감으로 일해 왔는데, 어떤 일에 있어서는 전혀 필요도 없는 긴장감으로 나를 완전히 나가떨어지게 했다.

손은 우리의 상태를 알려 주는 계측기가 될 수 있다. 손 안에서 우리는 불안이나 조급함, 신경질을 느낀다. 이 경험을 하기 위해 우리가 죄다 뾰족한 곡괭이를 잡을 필요는 없다. 당신이 커피잔을 어떻게 잡는지 관찰해 보라. 또는 컴퓨터 자판을 두드릴 때나 창문을 열 때 손가락이 어떻게 긴장하는지 보라. 하루에 하는 일의 대부분은 당신이 한껏 들이는 힘과 긴장의 작은 일부만으로도 가능한 일일 수도 있다. 이 때 우리가 손과 특히 손목의 긴장을 풀 수 있으면, 그와 동시에 어깨와 목줄기 ─우리 몸 가운데 가장 긴장이 잘 되는 부분이다– 의 긴장도 풀어진다.

내 손이 불안하거나 긴장되었다는 것을 알아차리면 나는
바로 내면으로 들어간다. 나는 앉아 있을 때 두 손에 긴장을
풀고 무릎 위에 올려놓고 이 자세를 의식한다. 내가 서 있을
때는 손바닥을 모아 배꼽 약간 아래 부분에다 포갠다. 그러면
몇 번 숨쉬기를 하는 동안 손뿐만 아니라 몸의 다른 부분도
긴장이 풀어지는 것을 느낀다.

이 사소한 연습만으로도 안정을 취하거나 그 상태를 잃지
않도록 하는 데 많은 도움이 된다. 업무를 진행하는 동안에도
인내를 가지고 반복하면 긴장감을 확실하게 낮출 수 있다. 이
간단한 손 연습만으로도 마사지, 물리치료, 척추교정을 받으
러 다니는 과정을 절약할 수 있을 것이다.

손은 또한 다른 사람에게 닿는 다리이기도 하다. 우리는
입과 눈만으로 말하는 게 아니라 손으로도 말한다. 여러 문화
권에서 손으로 인사를 한다. 몸짓이든 포옹이든 악수이든 신
심상태의 신호를 타인에게 보내는 것은 손이다. 갓난아기나
어린아이들은 특히 손의 느낌에 대해 아주 민감하다. 『부드
러운 손(Sanfte Hande)』의 저자이자 부드러운 출생법의 선구
자인 프레데릭 레보이어(Frederick Leboyer)는 다음과 같이 썼

다. "아기들은 사랑이 깃들고 조심스러운 손에는 자신을 내맡긴다. 아기들이 마음을 여는 것이다. 거칠고 적의에 찬 손에서 아기들은 금방 몸이 굳어 버리고 자신의 마음을 닫고 담을 쌓는다."

'속도 늦추기' 상태에 있는 손은 긴장이 풀린 채로도 활력으로 가득 찬다. 그 손은 다른 사람들과 좋은 관계를 쉽게 맺을 수 있도록 한다.

당신이 늘 손을 바라보면 기와 집중력을 높일 수 있다. 우리는 얼마나 많이 아무 생각 없이 주변의 사물을 잡는가? 말 그대로 움켜잡는다. 책 한 권에서부터 커피잔이나 리모콘을 말이다. 이 작은 움켜잡음을 하나하나씩 '속도 늦추기'를 통해 떨쳐낼 수 있다. 우리가 손을 그냥 내버려두면 손은 제멋대로 움직인다. 이와 반대로 긴장하지 않는 상태에서 주의를 기울이면 손에 신경을 쓸 필요가 없다. 손은 우리가 하는 말이나 생각 그리고 다른 몸의 부분과 더불어 조화롭게 움직인다. 우리의 몸짓은 명백해지고 삶은 전혀 가식이 없이 온전해진다. 손은 자연스러운 방법으로 아기를 진정시키거나 감정을 표현하게끔 되어 있다. 이 상태에 있는 두 손을 우리는 칸트가 말하는 참된 이성이라 표현할 수 있을 것이다.

정지점

🖐 ··· 다른 사람을 손으로 건드리기 전에

🖐 ··· 이를 닦는 동안

🖐 ··· 당신이 선물을 건네 주기 전에

🖐 ··· 문을 열 때

1_ 종이에 다음과 같은 문장을 적으라. "내 손은 긴장이 완전히 풀어졌고 열려 있고 생기로 넘친다." 이 문장을 여러 번 쓰는 동안 당신의 손과 관계를 맺어라. 당신의 손이 지금 이런 상태에 있는가? 아니면 이 문장을 얼른 다 써 버리려고 글쓰기가 미래를 향해 서두르고 있는가? 천천히 한자 한자씩 써라. 이것을 습관으로 만들고 중요한 전달 사항이나 편지를 쓸 때 이 상태에서 글을 써라.

2_ 믿을 만한 연습 상대자를 구하라. 악수, 인사, 포옹 등 여러 몸짓을 전문화해라. 이 상황에서 당신 자신과 타인이 무엇을 체험하는지 서로 교환하라. 육체에 대한 의식을 높이고 이러한 상황에서 함께 긴장을 풀도록 노력해 보라. 그리고 웃어라. 당신의 관계는 어떻게 변하는가? 일상에

서 늘 이 연습을 하라.

3_ 하루하루 기회가 있을 때마다 무릎 위에 두 손을 올려놓고
긴장을 풀어라.

| 우리의 음식 |

  음식물의 생산이 산업화되고 전자렌지와 같은 기술 혁신
과 많은 패스트 푸드와 냉동식품들은 우리의 식습관을 변화
시키고 가속화시켰다. 오늘날에는 먹는 일이 점점 더 부차적
인 일로 여겨진다. 우리는 선 채로 먹고, TV를 보거나 컴퓨터
앞에서 먹는다. 이에 "슬로우 푸드"라는 표어를 내걸고 음식
문화의 쇠퇴에 반대하는 국제적 조직이 만들어지고 있는 상
황이다.

  동양에서는 예전부터 음식을 내면의 균형을 잡아 주는 약
으로 생각해 왔다. 우리의 후천적인 기(氣)인 삶의 에너지의
70%는 음식물 섭취로 만들어진다. 삶의 기(氣)로부터 이완과
평온을 끌어내기 위해서는 음식 섭취의 모든 과정에 매우 신
중한 주의를 기울여야 한다. 음식물의 생산과 선택에서부터

준비 과정을 넘어 구체적인 식사 과정과 소화를 위한 준비에 이르기까지 말이다. '속도 늦추기'는 이 각각의 단계마다 적용할 수 있다.

음식물 대부분이 들판이나 외양간, 공장에서 만들어져 지금 수퍼마켓에 제공되는 것은 인위적인 가속화에 의한 것이다. 그 가속화는 화학비료, 호르몬제, 유전자 조작이나 살충제가 될 수도 있다. 또 설탕과 소금, 지방을 비롯해 다른 식품 첨가물의 혼합 과정이나 정제 과정일 수도 있고, 음식물을 미리 익히는 과정에서 일어날 수도 있다. 음식물을 빨리 자라게 하는 것, 음식물을 더 빨리 준비하거나 더 빨리 먹어치우는 데 적용되는 모든 기준은 삶에 가속화를 요구하는 것이 될 수 있다.

'속도 늦추기'는 자연의 리듬을 중요하게 여겨 알맞은 계절을 중요시한다. 유기농법으로 재배된 음식물은 우리에게 충분한 영양을 공급할 수 있다. 먹거리를 생산하는 사람을 개인적으로 알고 있다면 음식물이 자라는 들에 나가 음식이 되는 과정과 우리를 새롭게 연결하자. 자기 집 정원에서 나는 토마토는 가장 맛이 있다. 이는 누가 건강한 먹거리를 보호할 것인지 자문해 볼 수 있다. 건강한 농산물을 제공할 수 있는 무역업자이든 이웃에 있는 소작농에게든 돈을 지불하자. 우리가 의식을 가지고 지출하는 돈 한푼 한푼이 건강한 음식 문화를 살리는 목소리일 것이다.

건강과 정신적 행복에 특정한 음식물이 영향을 준다는 것은 도서관의 많은 책에서 찾아볼 수 있다. 우리는 이론적으로 무엇이 좋고 나쁜지를 잘 알고 있다. 초콜릿이나 그 밖의 많은 단 것, 커피나 보드카와 같은 술 종류, 고기 등은 대표적인 예이다. 또한 자극적인 향료, 양파, 마늘, 칠리 등은 우리 몸을 '뜨겁게' 만든다. 스스로 소화하지 못하는 음식을 지나치게 많이 즐기는 것은 음식물이 몸 속에 들어와 불균형과 긴장감을 만들어내는데, 우리는 이것을 육체적인 가속도 느낌이라고 표현할 수 있다. 커피를 많이 마시면 손이 떨리거나 잠이 오지 않는다는 것을 누구나 안다. '속도 늦추기'는 우리가 이 물질들을 의식하고 언제, 어떤 목적으로 적용하는지 관찰하는 것이다.

음식물과 치유를 연결하기 위한 전제 조건은 우리가 먹는 것을 제대로 아는 것이다. 식사는 먹는 일 자체를 주된 일로 삼을 때에 비로소 음식이 참된 양식이 될 수 있다. 일상에서 식사는 대부분의 사람들에게 점점 더 부차적인 일이 되고 있다. 우리는 TV 앞에서나 신문을 읽으면서 먹거나, 서 있거나 걸으면서 먹는다. 게다가 하루 일정을 짜는 동시에 흥미있는 토론을 하면서 후식을 먹는다.

먹는 것과의 깊은 결합은 음식을 만드는 일과 먹는 것에 품위를 부여하는 데서 시작한다. 식사를 하기 전에 항상 감사하는 마음을 가지면 음식은 완전히 다른 의미를 얻는다.

내가 처음으로 명상을 시작할 때 가장 인상깊은 경험 가운데 하나는 고요함 속에서 식사하기였다. 하루에 세 번 식사시간에 각자가 조용한 가운데 20분을 보냈다. 연습 과제는 씹을 때마다 주의를 기울이는 일이었다. 우리 몸에 이미 밴 나쁜 습관을 고치기 위해서 한입 한입 먹을 때마다 숟가락을 내려놓고 최소 40번씩 씹도록 교육을 받았다. 그리고 그것을 정확하게 맛을 보고 입 속에서 음식물의 여러 가지 상태를 음미하려 했다. 그리고 숟가락을 입에 넣기 전에는 몇 초간 멈추고 숟가락 위에 있는 음식물을 바라보았다. 이 연습은 나로 하여금 생활 속에서 얼마나 성급하게 음식을 먹었으며, 입맛의 느낌 또한 얼마나 피상적으로 변해 버렸는가를 알게 했다. 평소 우리가 음식물 앞에서 처음 한 입 맛을 본 다음 얼마나 쉽게 기계적으로 밥그릇을 비우는가. 미식가들만 찾는 레스토랑에 갔던 일이 기억난다. 그 때 찐 당근의 참맛을 그 동안 전혀 모르고 있었다는 사실을 지금 이 레스토랑에서 배웠다고 말하자 사람들은 모두 놀라는 눈치였다.

당신은 보통 어디에서, 어떤 분위기에서 점심식사를 하는지 생각해 보라. 점심시간은 바쁜 당신의 하루 가운데 안정을 찾을 수 있는 섬이 될 수 있다. 어쩌면 당신은 식사를 하면서 당신처럼 안정을 찾으려는 동료를 만날 수도 있다. 또는 더 자주 혼자 식사를 하러 갈 수도 있다. 그러기 위해서는 조용한 식당을 찾아라. 당신이 이러한 이야기에 동의한다면 번잡한 식당이나 직원식당, 간이식당 등을 대신할 식당을 곳곳에서 찾을 수 있다.

집에서 식사를 하면 먹는 것에 품위 있는 틀을 만들 수 있다. 식사시간에는 감사하는 마음을 가질 수 있는 작은 의식을 만들 수 있다. 그러한 의식은 특히 아이들에게 기쁨의 원천이 되고, 진정으로 먹는 것과 친해질 수 있는 밑거름이 된다. 당신에게 음식을 만들어 준 사람에게 항상 감사하라. 그것은 안정과 평화로움과 어울려 먹을 수 있는 선물이다.

주의를 기울여 먹는 일은 몸에게는 커다란 친절을 베푸는 일이다. 음식물을 오랫동안 씹는 습관을 가지고 삼키면 몸은 소화를 시키기 위해 필요한 에너지를 덜 사용하고 몸은 충분히 먹었다는 신호를 보내 준다. 가속화된 생활에서의 식사는 그와는 반대로 필요 이상으로 너무 많이 먹기도 하고 소화력도 떨어진다. 이는 몸에 해가 될 뿐만 아니라 이외의 부가 비용도 많이 들어간다.

신경을 써서 음식을 먹는 습관을 들이면 식사시간은 당신에게 '속도 늦추기'를 위한 확고한 닻이 될 것이다. 식사시간이 바로 작은 명상의 시간이 될 수 있기 때문이다. 음식과 깊은 관계를 맺으면 우리는 개인적인 가속화와 집단적인 가속화의 상관 관계를 더 잘 이해할 수 있다. 패스트 푸드 속에는 탄수화물과 지방 그리고 재료 이외의 세계에 대한 개념, 예를 들어 '시간이 돈이다'라는 의미가 숨어 있다는 것을 알게 된다. 패스트 푸드 생산품을 사는 것은 우리도 항상 이 가속화의 개념을 지지한다는 뜻이다.

이와는 반대로 우리가 근교의 유기농법으로 만들어진 생산품을 사면 지속성의 개념, 자연의 리듬과 인내를 가진 성숙의 개념을 지지하는 것이 된다. 많은 사람들에 의해 지지를 받는 개념만이 분명히 표명되는 것이다. 만일 '시간이 돈이다'라는 개념을 많은 사람들이 거부했다면 이렇게 많은 패스트 푸드는 존재하지 않았을 것이다.

먹는 일은 결코 하찮은 일이 아니다. 어떻게 무엇을 먹느냐는 개인의 가치를 생생하게 표현하는 것이 될 수 있다. 어떻게 무엇을 먹느냐의 문제는 몸에 생기를 불어넣는 책임과 함께 양식을 재배하는 대규모 농장과 들판에 생기를 불어넣는 책임과 같다. 바나나라고 해서 다 같은 바나나가 아니다. 바나나마다 자신의 역사가 있으며 지구에 흔적을 남긴다. 식탁에서 '속도 늦추기'를 가꾸면 우리는 바나나가 남긴 흔적을 분명히 볼 수 있다.

정지점

🌽 … TV 앞에서 음식을 먹고 있을 때

🌽 … 소화에 문제가 생겼을 때

🌽 … 식사 약속을 하기 전에

🌽 … 수퍼마켓에서 이것 저것 집어들기 전에

1_ 식탁 위에 건포도 세 개를 올려놓아라. 편안하게 숨을 들이쉬고 내쉬어라. 건포도 세 개를 먹는 데 6분의 시간을 들여라. 평온한 마음으로 식탁 위에 있는 건포도 하나를 들

고 주의깊게 관찰한 다음 입 속에 넣어라. 건포도의 형태를 혀로 더듬어 보라. 최소한 100번을 씹어라. 무슨 맛이 나는가? 당신 몸이 반응하는 하나하나, 특히 삼킬 때의 반응을 관찰하라. 두 번째 건포도를 집어들고 이번에는 당신의 감정과 생각을 주시하라. 세 번째 건포도를 집어라. 오늘 이 건포도를 먹을 수 있게 되기까지 있었던 모든 일을 생각해 보라. 태양, 포도나무, 거래망, 당신이 지불한 돈과 그 밖의 많은 것들에 대해.

2_ 친한 친구를 저녁식사에 초대하라. '사려깊은 식사' 라는 이름하에 저녁식사를 준비하라. 친구들마다 뭔가 한 가지씩 가지고 오게 하라. 당신은 식사를 위해 모든 것을 바쳐라. 어디서 난 것인지? 무엇이 들어 있는지? 맛은 어떤지? 식사시간의 한 부분에 조용한 시간을 마련하고, 묻는 시간을 가져라. 공동의 침묵 시간에 대한 당신의 경험을 다른 사람과 나누라. 어쩌면 당신은 스스로의 식습관과 추천할 만한 농부나 먹는 일의 어려움에 대해서도 얘기하게 될 것이다. 그리고 서로에게 어떤 후원이 필요한지와 건강한 식탁을 어떻게 만들 수 있는지 방법을 찾아보아라.

3 적어도 일주일마다 단식 기간을 정하고, 그 기간에는 몸을 흥분시키는 음식물 가운데 세 가지를 금식하라. 커피, 술, 설탕, 고기 등의 음식들을 말이다. 금식 기간 동안 어떤 상황에서 가속화를 부르는 음식물을 찾게 되는지 자신에게 물어보라. 이 방법으로 당신의 식습관과 심리 상태를 뚜렷이 알 수 있다.

| 우리의 잠 |

"잠은 깨끗이 닦아내는 행주와 같다." 이것은 미국에서 성공한 매니저의 비밀에 대한 연구를 통해 나온 말이다. 우리 사회에서 잠은 더 이상 보호를 받지 못하며 건강을 유지하는 재산에 끼지 못한다. 많은 사람들은 하루 일과 중 사방에서 밀려오는 요구를 모두 감당해 내기 위해서 충분히 잠을 잘 수 없다고 생각한다. 그리고 많은 사람들이 자연적인 수면 리듬을 잃고, 청소년 시절부터 밤을 낮삼아 지낸다. 이런 생활 습관은 우리의 생존 기간을 갉아먹고 아드레날린 수치를 높여 몸을 피곤한 상태로 몰고 간다.

'속도 늦추기'의 모든 단계에서 가장 자연스러운 것은 밤에 자는 것을 유지하는 것이다. 우리는 잠자는 시간 동안 내부의 충동들을 안정시킬 수 있다. 깊은 잠은 몸과 정신을 재생시키고 긴장을 풀어 준다. 그런데도 잠자리에 들어서도 안정을 취하지 못하는 사람들이 계속 늘어나고 있다. 우리 몸은 깊은 수면을 생각할 수 없도록 마구 내달리고 있다. 밤에도 계속되는 조급증과 불안으로 여러 가지를 흘끔거린다. 수면 장애만큼 사람을 오랫동안 피곤 속에 몰아넣는 것도 없다. 충분히 잠을 자지 못한 몸은 모든 긴장감에 아무런 저항력 없이 내던져진다. 이로 인해 몸은 삶의 총명함을 잃어버린다. 계속되는 긴장과 스트레스로 한 번이라도 불면증을 경험해 본 사람은 그 곤경에서 벗어나려고 자꾸만 인위적인 긴장 이완제를 점점 더 가까이하고 자주 집어들게 된다.

수면제, 술 또는 다른 종류의 '이완제'는 우리가 가진 자연의 재생 능력과 이완 능력을 해치는 심각한 위험 물질이다. 그것은 불가피한 경우에만 사용하는 것이지 일상을 위해 사용하는 것이 아니다.

우리는 좋은 습관을 들임으로써 잠의 질을 높일 수 있다. 이때 많은 도움이 되는 것은 르네상스 시대부터 있었던 낮잠을 규칙적으로 자는 것이다. 점심 식사를 끝낸 뒤 잠깐 조는 것이 개인의 편안함과 성취 능력에 긍정적인 영향을 미친다는 연구 결과에 대해 사람들은 오랫동안 코웃음쳐 왔다. 그러나 먹은 것을 소화하느라 몸이 긴장되어 있는 시간에 계속 일을 하는 것은 정녕 자연을 거스르는 일이다. 소화를 시키기 위해서는 위장 속에 많은 혈액이 필요해진다. 위장에 많은 혈액이 필요해지면서 뇌 속의 혈액도 빠져나간다. 경영자들은 점점 더 이점의 중요성을 인식하고 있다. 당신은 직장에서 낮에 십오 분 동안 규칙적으로 잠깐 졸 수 있는 조용한 장소를 발견할 수 있을 것이다. 이는 낮 동안의 활동에서 밤을 편안한 안정 속으로 이끌어 우리에게 포근한 잠 속에 빠져들도록 해 주는 꼭 필요한 전이 의식이기도 하다. 밤에 잠자리에 들기 전에 내면과 외부가 안정 단계에 들어서면 우리 몸은 잠이 쉽게 들 수 있다. 플럼빌리지에서는 '숭고한 침묵'이라는 밤의 예식이 있다. 아무리 늦어도 저녁 9시 30분부터는 −때론 더 이른 시각에− 더 이상 아무 말도 해서는 안 된다. 이 침묵으로 인해 깊은 잠으로 빠져드는 것이 쉬워진다. 내가 플럼빌리지에서 생활할 때에는 함부르크나 베를린, 제네바에 있을 때보다 깊은 수면 시간이 평균 한두 시간 덜 필요했던 이유이다.

어떤 방법이 숙면에 더 적합한지는 개인의 취향에 따라 모두 다르다. 겨울에 촛불을 켜둔다든지, 여름에 정원이나 발코니에서 차 한 잔이나 따뜻한 물 한 잔을 마신다든지 저마다 다르다. 내 친구 하나는 여러 사람과 함께 석양이 지는 것을 바라보는 습관을 들였다고 한다. 그러니 서로에게 영감을 주는 책을 읽는 것도 좋을 것이다. 하지만 흥분을 일으키는 책은 안 된다. 그리고 잠에 쉽게 빠져드는 방법은 어른뿐 아니라 어린이들에게도 매우 좋은 것이다.

그러나 무엇보다 중요한 것은 그 날 마치지 못한 일에 대해서 정리해 둘 줄 알아야 한다는 것이다. 일은 언제나 끝없이 이어지기 때문에 계속할 수 있는 여지가 항상 남아 있기 마련이다. 평소 편지를 우체국에서 부치는 쉬운 일을 잊어버려 머리 속에 맴돌 때가 있다. 아주 중요한 일이 아니더라도 말이다. 비록 쉽게 할 수 있는 일을 마무리하려는 노력도 좋지만 하루 일과를 끝맺고 휴식에 들어갈 때에는 이러한 일들을 쉽게 정리하는 방법을 스스로 찾아야만 한다.

이를 위해 일정한 규칙을 세우는 방법도 좋을 것이다. 가족과 함께 있는 저녁시간에는 되도록 어려운 주제를 끄집어내지 않기로 말이다. 또는 잠자리에 들기 전에 작은 예식을 만들어 가장 사랑하는 가족과 새로운 시작을 할 수도 있다.

가벼운 포옹이나 인사를 하는 것만으로도 혹시 있을지 모를 서운함이나 아쉬움을 극복하기에 충분하다. 이런 방법이 무엇보다도 좋은 것은 하루의 끝마침에 대해서 서로 감사하는 마음을 갖고 편안하게 잠을 청할 수 있기 때문이다.

잠은 죽음의 작은 형제로 통한다. 그 의미는 잠이 드는 것은 신뢰를 요구하며 몸과 정신의 조절을 포기하는 것이다. 자장가에도 이런 대목이 있다. "이른 아침에 신이 원하면 너는 다시 깨어날 것이다." 평소 우리의 삶은 도무지 마음을 놓을 수 없을 만큼 복잡하다. 때문에 수도원의 수도사와 수녀들은 매일 저녁마다 삶과 작별을 하고 깨어날 때마다 그것을 은총으로 받아들이고 생활화한다. 우리가 하루를 맞는 것을 특별한 하나의 선물로 생각하고 인사로 맞이해 보라. 이는 하루 24시간에 특별함을 가져다 준다.

잠들기 전의 시간을 잘 조율하면 당신은 아주 창조적으로 생활을 변화시킬 수 있다. 하루의 긴장을 풀기 위해 명상이나 요가와 같은 운동은 편안한 잠자리에 드는 연습으로 아주 적합하다. 내 친구 몇 명은 기업의 고문과 투자은행가로 매일 밤늦게까지 일한다. 이와 같은 사람들에게는 다시 활력을 되살리기 위해서 밤 시간에 할 수 있는 긴장 이완 프로그램이 필수적이다. 호텔방이나 집에서 긴 하루를 마무리하는 시간에 '필름을 끊어 버리기 위해' TV를 켜는 대신 침대 위에서 15분간 의식을 집중하여 숨쉬기를 할 수도 있다. 하루 내내 긴장과 스트레스로 가득 찼던 몸에 하루의 마침표를 찍기 위해서 말이다. 안락한 침대에 누워서 TV를 보면 이는 꿈 속의 배경 화면에 어른거리며 다시 나타난다.

아이들은 잠에 관해서는 어른들의 훌륭한 스승이다. 왜일까? 그것은 바로 아이들이 어른들과는 반대로 아직 잠과 자연스러운 관계를 맺고 있기 때문이다. 잠을 충분히 잔 아이들은 일반적으로 침착하고 평온하고 명랑하다. 아이가 잠을 잘 잘 수 없다면 이는 뭔가가 결핍되어 있기 때문이다. 아이들의 불면은 항상 그 부모들에게 '속도 늦추기'를 위한 경고 신호이다. 여기에서 우리가 꼭 알아두어야 할 것이 있다. 생활에서 일반적으로 통용되는 숙면을 위한 훈련은 정해진 목표를 달성하기 위해 몸이 보내는 피곤의 신호를 체계적으로 느끼도록 구성되어 있다. 그러나 아이들은 아직 피로함을 다른 것으로 대체하는 방법을 배우지 않았다. 아이들은 피로하면 대부분 몸이 일러 주는 대로 잠이 들어 버린다. 그러나 어른들은 몸의 피로감을 간접적인 관계로 분리해 내려고 노력한다. 그래서 몸은 수면 부족을 계속 일깨워 주기 위해서 질병을 보내는 일도 흔하다.

불면은 깊은 차원에서 해결되지 않은 갈등들을 표현하는 것이기도 하다. "양심은 가장 편안한 베개다"라는 속담이 있다. 자신과 타인에게 순수한 사람은 건강한 잠이라는 축복을 받는다. 매일 좋은 일을 하는 것은 자신과 타인에게 개인적인 기쁨이 될 뿐만 아니라 건강한 잠에 이르는 지름길이기도 하다.

정지점

🖐 ⋯ 아침에 일어난 뒤

🖐 ⋯ 점심식사 뒤 소화가 되는 동안

🖐 ⋯ 당신이 밤 10시 이후에도 여전히 일을 할 때

1_ 몸의 피로감을 개선하려고 노력하라. 당신 몸이 피로하다는 신호를 보내면 그것을 있는 그대로 받아들여라. 일상생활에서 피곤을 느끼면 편안하게 침대에 누울 수 있도록 계획을 세워라.

2_ 점심시간에 낮잠 자는 것을 실천으로 옮겨라. 점심식사 뒤 30분은 몸 조직을 정비하기 위한 중요한 해제의 의미가 있다.

3_ 잠자러 가기 한 시간 전에 말하지 않는 것을 연습하라. 처음에는 시험삼아 일주일에 한 번 정도는 말을 해도 된다. 그리고 정말 필요한 말만 하라. 아내나 아이들과 말을 하지 않고도 통할 수 있는 의사소통을 연습하라. 자러 가기 전에 다같이 침묵을 누려라.

제3장

네 정신의 속도를 늦춰라

| 우리의 빠른 정신 |

우리 인간은 육체와 더불어서 정신적인 존재이기도 하다. 정신은 우리를 둘러싼 주변과 내면에 일어나는 모든 것을 관통하고 포괄한다. 정신은 우리의 세계를 창조한다. 인간의 정신에 대해서 충분히 잘 알고 있는가? 정신에 대해 잘 모르면 우리는 언제든지 온갖 종류의 가속화 충동에 내맡겨진다. 자신의 정신을 잘 다스리며 깊이 이해하고 있는 사람은 별로 없다. 정신에 대한 끊임없는 물음에 대한 결과는 어떤 것에도 흔들리지 않는 안정과 침착함 그리고 외적인 요소에 의존하지 않는 기쁨을 가져다 준다. 이것이 우리 존재의 심연에 대한 '속도 늦추기'다.

정신은 인지, 감정, 정신적 구성 요소(관심, 질투, 분노 등과 같은)와 의식의 총체이다. 그리고 환상, 선입견, 개념, 이념, 이론, 꿈, 계획, 생각, 충동, 기억과 경험을 포함한다. 정신은 육체와 밀접한 상호작용을 한다. 분석적인 사고는 정신이 취할 수 있는 여러 가지 상태 중의 하나이다.

우리 시대의 일반적인 가속도나 긴장은 탐욕과 초조, 불안과 같은 정신 상태가 개인과 집단의식 속에 표명되고 있는 사실을 드러낸다. 정신은 다듬어지지 않은 정원과 같다. '속도 늦추기'는 어두운 덤불에 빛을 밝히고 우리의 정원을 더 잘 이해하고 그 정원에 긍정적인 씨앗들을 뿌리는 데 도움을 준다.

'속도 늦추기'는 정신 속에 있는 부정적인 씨앗들을 인식하는 것을 뜻한다. 예를 들어 탐욕이나 요구를 한번 보자. 사람의 요구를 감각의 표현, 권력과 섹스, 사회의 인정에 내맡기면 우리는 악순환에 빠진다. 탐욕에 빠지거나 굶주린 정신은 결코 만족을 모른다. 그것은 점점 더 많은 것을 원한다. 더 화려한 그림, 더 빠른 자동차, 더 아름다운 남자와 여자, 더 이국적인 여행, 더 많은 신경 자극, 더 많은 돈 등을 말이다. 우리를 구제 불능의 세상에 던져놓은 것이 바로 이 탐욕이다. 이것은 정치적인 면에서나 경제적인 면에서나 나타날 수 있다. 그리고 그 배후에는 "결코 충분치 않아"가 도사리고 있다.

있는 그대로에 대한 고집스러운 불만족은 우리를 안정된 상태에 이르지 못하게 한다. 이 파괴적인 표본은 개인의 삶에서도 발견된다. 탐욕과 요구들을 억제하는 일은 '속도 늦추기'를 위한 중요한 초석을 놓는 일이다.

정신은 잠재된 불안을 가지고 있다. 우리는 이 불안을 끌수가 없다. 흥분과 과민 그리고 불안한 정신 상태에서 어떤 결정이나 판단을 내리는 것은 이후에 더 많은 혼란과 스트레스의 원인이 되는 경우가 많다. 급진주의자나 조급증을 행동의 첫 번째 원칙으로 삼는 사람들은 우리뿐만 아니라 나라마저 혼란에 빠뜨릴 수도 있다.

또한 신경과민, 긴장, 혼란스러운 정신은 쉽게 감정의 노리개가 되어 서서히 주변 환경과의 관계를 상실하게 된다. 그러면 우리는 자기 주위만을 뱅뱅 돌면서 어떤 새로운 정보도 더 이상 받아들일 수 없게 된다. 생산적인 생각이나 아무런 문제 없이 사는 일은 거의 불가능하다. 이것은 "나를 잃어버렸어"라는 말과 딱 맞아떨어진다. 그러나 정신을 차리고 있으면 현재 이 순간에 우리 자신을 다시 찾을 수 있다.

정신이 아주 빨리 움직이게 되면 흔한 말로 머리가 빙빙 돈다. 이 상태에서 우리는 더 이상 자신의 주인이 아닌 대책 없는 관객이 되어 버린다. 그리고 생각, 악몽, 감정들이 의식 속을 제멋대로 돌아다니면서 육체를 이리저리 던져 버리는 것을 그저 쳐다볼 수밖에 없다. 이는 격정 때문에 그럴 수도 있고 의기소침으로 인한 불안 때문에 그렇게 될 수도 있다. 이 현상을 한 번이라도 겪은 사람은 무기력함과 고통을 알게 되는데, 정신으로부터 생겨난 고통은 멈출 수도 없다. '속도 늦추기'는 이 때 우리의 삶을 구원할 수 있다.

정신이 일상 생활에서 가속화되고 지나치게 많은 일이 짐 지워지면 무감각에 빠지면서 아주 사소해 보이는 것은 그냥 지나쳐 버린다. 생활 주위가 더 현란해질수록 대화는 더 요란한 뉘앙스나 미묘한 음색들로 채워지게 된다. 이것이 바로 우리의 생기를 앗아가는 것이다.

우리가 항상 주의를 기울여야 하는 것은 현재 어떤 부담감이 정신에 영향을 미치고 있는가 하는 것이다. 매년 미국에서는 900억 달러가 넘는 돈이 각종 매체의 선전용으로 쓰여진다.

정신에 대한 체계적인 식민지화가 모든 기업의 목표이자 존재의 기반인 것이다. 우리 사회의 구조에서는 공적인 관심사와 개인의 관심사가 결합하는 일은 권력과 명성 그리고 부의 창출이 기본이 되어 버렸다.

그러는 사이 미국 대통령은 할리우드 영화 시나리오 작가의 도움을 받아 정치적 연출을 통해 등장하기도 한다. 라디오 뉴스 도중에는 멋지게 작곡한 시엠송과 '대기용 멜로디'가 깔린다. 우리는 매체와 경제 분야에서 심리학에 종사하는 전문가들이 만든 정신 조작의 결과물을 점점 더 많이 접하게 된다. 그들은 자기들과 계약을 맺은 이들에게 그럴 듯하게 포장된 이미지와 생각, 의견을 무작위로 제공하는 것이다.

정신을 깊이 연구하기 시작하면 탐욕, 불안, 무감각을 더 확실하게 확인할 수 있다. 정신의 깊은 곳에 있는 존재에 대한 질문에 긍정적인 답을 얻게 된다. 모든 생각과 감각을 느끼는 능력의 원천에는 안정과 평온이 지배하고 있다. 정신 차원에서의 '속도 늦추기'는 다음과 같은 점에서 우리를 돕는다.

✔ 생각을 진정시키고 내면의 명료함과 안정감을 발전시킨다.

✔ 육체와 주변에 영향을 미치는 불안한 정신에 대해 이해하게 된다.

✔ 집중력과 주의력을 강화할 수 있다.

✔ 회피와 파괴, 백일몽 등의 전략을 꿰뚫어볼 수 있으며, 그 배후를 탐구할 수 있다.

✔ 탐욕과 회피의 작용 원리를 지나친 활동 욕구를 충동질하는 요인으로 인식하게 된다.

| 우리의 정신을 위한 다섯 가지 열쇠 |

현재성. 우리의 정신이 완전하게 현재에 머물러 있을 때에

만 어떤 정신 상태, 감정, 생각 등이 삶을 지배하고 있는지 알게 된다. 우리가 집중된 정신을 가지고 있을 때에만 상황을 완전하게 통찰할 수 있다. 자신을 맑은 거울 속에서 보는 것처럼 명료하게 말이다. 현재에 몰두한다는 것은 정신의 어두운 그림자와 마주하는 것을 의미하는 것으로, 우리 자신이 폭력적이고 효율적이지 못하고 놀랄만한 일면을 가지고 있다는 사실을 받아들이는 것이다. 우리는 결코 순수하고 착하지만은 않다. 그러나 자신에게 비추어진 모습으로부터 달아나지만 않는다면 현재의 순간을 우리의 고향으로 다시 얻을 수 있다. 미래나 과거로 도망치지 않아도 되는 것이다.

변화무쌍함. 정신을 충분하게, 끊임없이, 정확하게 관찰하라. 그러면 감정과 생각의 변화무쌍함을 꿰뚫어볼 수 있다. 생각들이 비누거품처럼 부풀어 올랐다가 어느새 다시 사그라질 것이다. 우리는 아무 것도 꼭 붙들어둘 수 없다. 또한 어떤 감정도 지속되지 않는다. 기분좋은 감정 상태나 불쾌한 감정 상태는 지나간다. 솔직하게 정신의 변화무쌍함을 받아들이는 일은 매우 어렵다. 긍정적인 정신 상태는 붙들어두고 싶고 나쁜 경험들은 회피하고 싶어한다. 그러나 그것은 불가능한 일이다. 정신의 변화무쌍함을 받아들이면 비록 부정적인 생각을 모두 떨쳐 버릴 수는 없다 하더라도 그 힘을 약화시킬 수는 있다. 어떤 나쁜 일이 결코 멈추지 않을 것이라고 생각하는 데서 가장 큰 고통은 생겨나는 것이다. 변화무쌍한 정신을 관찰하는 일은 모든 구름 뒤에 태양이 숨겨져 있다는 사실을 가르쳐 준다.

시작도 없고 끝도 없다. 우리는 생각이나 감정의 시작과 끝을 정할 수 없다. 생각이나 감정은 무(無)로부터 나오는 정신의 순간적인 번득임이 아니다. 의식 속에서 사라진 것처럼 보이는 어떤 생각은 끝난 것이 아니다. 생각은 우리 의식 깊은 곳에 가라앉았다가 어떤 조건이 주어지면 다시 나타난다. 그러므로 정신 상태는 매우 중요하다. 우리가 낙관적이고 활기에 넘쳐 모든 것에 호감을 느끼면 이것은 주위 모든 것과의 관계에 긍정적으로 퍼진다. 정신은 개인에게 고립되어 있는 것이 아니다. 우리의 분노는 아이들의 악몽 속에 되살아난다. 우리는 부모의 생활력과 사랑 속에서 자라나므로 내면에서는 부모님에 대한 그리움을 느낀다. 우리는 여러 세대의 경험이 보존된 집단 정신의 일부이다.

발전. 올바른 주위 조건과 사려깊은 연습에 의해 점차 확장되는 안정감은 정신의 여러 가지 긍정적인 특성을 많이 발전시킬 수 있고, 그 특성은 삶을 풍부하게 한다. 이해, 연민, 현명함을 배우면서 성숙하는 정신은 내면과 외면의 갈등을 계속 감소시킨다. 정신을 아주 깊이 갈고닦아 발전시킨 사람을 한번 알게 되면 그 사람의 살아 있는 선량함, 투명함, 존귀함에 깊은 감동을 받기 마련이다. 또한 그의 자연스러움과 깊은 통찰에 있어서도 마찬가지다. 많지 않은 사람들에게 실현되어 나타나는 숭고한 정신의 잠재력은 많은 영감을 통해 이루어진 것이다. 정신의 잠재력은 늘 분석적인 사고를 완벽하게 갈고닦는 과정을 통해서 나타난다. 그것은 영적인 상태에서는 정신적으로 자유로운 삶에서 발현한다. 그 자유 속에서 우리는 정신의 심오함을 깨우치게 된다.

리듬성. 정신 또한 리듬을 따른다. 정신은 확장과 수축의 단계를 가지고 있다. 자극과 안정을 따르라고 요구한다. 이 리듬은 하루, 일년, 혹은 평생을 통해 관찰할 수 있다. 두 시간 동안 집중적으로 교환 작용을 한 정신은 가득 채워지고 그다음 평온함을 요구한다. 나이가 들어가면서 정신은 젊은 시절과는 다른 주제를 찾는다. 항상 극과 극에서 균형을 잡는 일이 문제가 되므로 중용의 도를 통해서 조화로운 발전을 이룰 수 있도록 한다.

정신의 깊은 이해를 위해서 다섯 가지 열쇠는 많은 도움을 준다. 그런데 이 발견 여행을 위한 동기 유발은 어디에서 생기는가? 그 가운데 하나는 개인적인 위기에서 자주 일어난다. 직업상 또는 개인적인 이유나 건강상의 문제일 수 있다. 또는 삶의 현재 상황에 대한 심각한 불편함에서 생기기도 한다. 위기는 멈추어야 하는 정지 신호와 같다. 위기는 대안에 대한 호기심을 가지도록 한다. 위기는 우리 마음의 문을 열리게 한다.

사람들은 정신이 정말로 어떻게 '작용' 하는지에 대해 점점 더 많은 관심을 가진다. 그리고 그에 맞는 스승을 찾아나선다. 그런 사람들 가운데 몇몇은 정신의 발전과 단련을 자신의 가장 높은 삶의 목표로까지 높인다. 그리고 안정을 찾고 정신을 체계적으로 규명하는 데 도움이 될 수련장을 찾아나선다.

그들은 정신의 체계적인 규명과 수련을 위해서 명상 속에 빠져든다. 많은 사람들이 점차 명상을 긍정적으로 바라보기 시작했다. 서양에서는 명상을 낯선 것, 비밀에 가득 찬 것, 또는 위험한 것이라고 생각하는 사람들이 점차 줄어들고 있다. 이제 많은 사람들이 명상을 일상 속의 정신 건강법으로 받아들인다. 명상을 정상적인 것으로 받아들여 육체의 성장이나 이를 닦는 일과 같이 생각한다. 명상은 종래의 낯설고 이국적인 영역을 벗어난 지 오래다. 근래 미국인들 천만 명이 규칙적으로 명상을 한다고 알려졌다.

유명한 한 스님은 명상에 대해 다음과 같이 요약했다.

명상은 세계로부터의 도피가 아니라 그 반대로 매 순간의 현실과 진지하게 대결하는 것이다. 명상은 전혀 위험하거나 비밀스러운 연마 행위가 아니다. 명상은 황홀 상태에 빠지거나 마법의 힘을 가진 초자연적 존재가 되는 것도 결코 아니다. 명상은 신성한 사람들을 위해 예약된 것이 아니라 우리 모두에게 가치가 있는 것이다. 명상은 '열에 뜨는' 상태가 되는 것을 위해 있는 것이 아니다. 그리고 명상을 통해 문제들이 사라지는 것이 아니라, 우리가 그 문제의 원인을 더 정확하게 보게 되는 것이다. 무엇보다도 명상은 이기적이지 않다. 그와 반대로 자신과 주변에 깊이 몰입할수록 우리는 그만큼 덜 자기 중심적으로 행동한다.

—명상 입문서 『Mahathera Henepola Gunaratana』에서 발췌.

명상 수행을 통해 관계를 맺고 정신을 수련하는 사람들이 점점 늘어나는 것을 보면 참으로 놀랍다. 그러나 이 책은 명상 수련원의 수행법이 체계적으로 서술된 교과서가 아니다. 이 책의 목적은 다음과 같은 데에 있다. 몸, 정신, 활동과 주위 환경에 도움이 되는 연습을 구체적으로 실천하는 네 가지 삶의 영역으로 이것만으로도 이미 '속도 늦추기'를 위한 현실적인 활용과 경험을 제공한다. 이것은 명상 실천의 시작이다.

명상 방법이나 명상을 실천하는 삶을 위한 결정은 물론 다른 분야에도 많은 영향을 미친다. 이 결정은 보통 깊은 내면에서 나온다. 그것은 대부분 스승을 선택하고 여러 종류의 명상법, 예를 들어 윤리적인 자기 의무에서 나오는 차첸(Zazen), 비파싸나(Vipassana), 요가 또는 주의력 명상법과 같은 명상법의 종류와 그 중에서 자신이 선택한 명상법의 지속적인 연습을 확정하기 위한 결정이다.

서구에서 달라이 라마를 이 시대에 생존하는 가장 성스러운 현자로 받아들인다는 여론 조사가 있었다. 달라이 라마에게서 표출되는 자애롭고 투명한 자유로운 정신은 수백만 명을 매료시켰고 많은 이들에게 영감을 주었다. 그런데 달라이

라마는 여러 저서를 통해 자신의 정신력은 하늘에서 그저 툭 떨어진 것이 아니라 매일 명상을 수련한 결과라고 분명히 밝혔다. 그의 책에서는 체계적인 정신 수련을 하라는 이야기가 여러 번 나온다.

우리 시대의 영웅들은 단시일 내에 사라진다. 스타, 컨설턴트, 투자가이건 간에 모두 최고의 성취를 새로 얻어내라고 우리를 몰아친다. 공통분모는 가속화와 개인적 성공 유혹에 있다. 시대를 이끄는 이 표본은 가속화를 위해 치러야 하는 비용이 우리 눈에 분명히 드러날 때 곧 바꿀 수 있다.

아마 새로운 표본은 고요하고 사려깊은 정신이 될 것이다. 마하트마 간디나 영화의 주인공인 포레스트 검프, 스텐 나돌니(Sten Nadolny)가 소설 『느림의 발견(Die Entdeckung der Langsamkeit)』에서 불멸의 주인공으로 만든, 극단적으로 느린 전설의 캡틴 프랭클린과 같은 사람들. 이런 사람들이 '속도 늦추기'에 있어 마음깊이 울리는 스타들이다.

| 우리의 생각 |

생각은 번개같이 빠르다. 갑작스런 생각이 몸 전체에 전기

자극을 줄 수 있다. 하루 동안에도 뇌는 수천 가지의 생각을 생산하며 의식 속에 작은 빛처럼 번득인다. 이 때 우리는 두 가지 사고 방식을 통해 구별할 수 있다. 즉, 초기사고(Gedanken-fassen)와 추론사고이다. 초기사고는 여러 가지 행동 지시 이미지, 아이디어, 문장과 기억들을 의식 속으로 보낸다. 몇 분 동안 눈을 감고 마음 속에 떠오르는 여러 가지 생각과 충동을 헤아려 봄으로써 쉽게 초기사고를 관찰할 수 있다.

내가 처음으로 명상을 위해 방석 위에 앉았을 때 끊임없는 초기사고의 속삭임이 나를 뒤흔들었다. 나는 끊임없이 내 속에서 일어나는 생각들을 세어 나갔다. 1분에 20가지의 생각이 넘었다. 그런데 나는 자꾸 세는 일을 잊어버리고 어느덧 생각을 채색하고 있었다. 명상을 마치는 종소리가 울렸을 때야 비로소 나는 백일몽에서 깨어날 수 있었다. 내 정신 속에는 논리적 관계가 있는 생각의 사슬이 아니라, 거대한 생각의 누더기뭉치, 판단, 잔상 그리고 행동의 충동이 떠돌아다녔다. 이것이 내 머릿속에 든 전부였단 말인가? 여태까지 명료한 이해력을 가진 이론가로 여겼던 내 자신에게 이 통찰은 치유를 위한 충격이었다. 그 다음 나는 방석 위에 앉아서 마음대로 떠오르는 생각의 흐름을 관찰했다. 30년이 넘도록 나는 생각의 홍수에 대해 거의 인식하지 못하고 지냈었다. 이런 경험이 내 생각의 의미와 질에 대한 표상을 급격히 바꾸어 놓았다. 나는 하루 동안 내 초기사고의 생각과 해석, 목소리를 관찰하기 시작했다. 내가 그것을 더 정확하게 관찰할수록 초기사고는 점점 더 마음 깊은 곳에 잦아들었다. 초기사고가 서서히 안정되어 간 것이다.

두 번째 사고 기능은 추론사고이다. 추론적인 사고 과정은 어떤 사건이나 상황을 의미있는 일련의 연관 관계 속에 세우고 분석하는 것으로 여러 가지 문제들을 배열하고 풀어나갈 수 있는 상태로 만든다. 집중된 추론사고는 일상에서 우리를 조직하고 행동들을 조화롭게 구성한다. 또한 선택된 이론을 바탕으로 정확하게 말로 설명하는 것을 시험하기 위해서 꼭 필요하다. 추론사고 최고의 형태는 일관된 논리와 사고 체계 속에서 생겨난다. 그런데 일상에서는 이러한 일관성은 찾아보기 힘들다. 추론사고는 초기사고의 충동을 잘 받아들이는데, 이것이 좀더 왜곡되면 다른 주제로 비약을 한다. 그러면서 특정한 사고 과정이 재차 반복된다. 이는 실제로 문제 해결에 작용하는 일은 거의 없다. 머릿속에서 돌면서 순환하는 추론사고의 가장 나쁜 형태가 바로 생각을 골똘하게 하면서 비비꼬는 것이다.

훈련되지 않은 상태에 있는 이 사고는 90% 이상이 과잉된 것이며 오직 불안만을 만들어낸다. 왜냐하면 독립된 생각은 몸에서 분배된 호르몬의 흐름이 몸 상태에 영향을 미치게 하는 감정에 가서 충돌하기 때문이다. 사고는 몸의 많은 에너지를 필요로 한다. 우리가 생각을 차분하게 가라앉히려면 다음에 나오는 8가지 원칙을 명심해야 한다.

회전목마를 타기 시작한 생각을 땅에 내려놓아라. 생각하느라 점점 더 많은 에너지를 소비하는 대신 당신의 주의력을 발로 돌려라. 생각은 우리를 머릿속으로 끌어들여서 더 높은 곳으로 올라간다. 그와 반대로 주의력을 몸의 낮은 곳으로 돌리면 우리는 붕 뜨는 대신 땅에 안착할 수 있다.

생각을 혼자 내버려두지 말라. 낮 시간에는 당신의 생각과 부드러운 관계를 유지하라. 그 연결 다리로는 숨(호흡)이 유용하다. 때때로 이렇게 말하라. "숨을 들이쉬면서 내 생각을 의식하고, 숨을 내쉬면서 생각을 자유롭게 놓아 준다."

정신의 보호자가 되어라. 자신의 내면 세계를 더 잘 이해하기 위해 탐구하는 연구자가 되어 정신을 이해하라.

비비꼬이는 생각을 내버려두고 억측을 그만두라. 당신의 생각이 헛된 억측과 사변 속에 빠져들기 전의 시간들을 더듬어 보라. 절대로 일어나지도 않을 일에 대한 상상으로 인생의 시간을 흘려 버리지 말라. 당신의 생각이 거대한 혼란 속에 빠지면 머뭇거리지 말고 친구에게 전화를 걸거나 다른 즐거운 일을 하라.

다시 한 번 분명하게 들여다보라. 불교 일화 가운데 어떤 남자가 숲을 지나가는 이야기가 있다. 어스름한 저녁 뱀 한 마리가 달려들자 그 남자는 소스라치게 놀란다. 그는 정신없이 도망을 쳤다. 그런데 조금 지나 보니 뱀이 있던 바로 그 자리에 돌아와 있는 것이다. 이번에도 그 뱀은 정체를 드러냈다. 그러나 그것은 어둑어둑해지면서 길게 그림자를 늘어뜨린 나뭇가지였던 것이다.

우리는 순식간에 자신이 내린 판단 속에 빠진다. "멈춰!" 한 번만으로도 벌써 여러 가지 흥분을 누를 수 있고 사물을 명료하게 볼 수 있다. 의식을 가진 숨쉬기 한 번만으로도 벌써 충분할 수 있다. 불안한 생각들은 그 바탕이 잘못 인지된 것에서 비롯되며 성급한 판단을 끌어내기 십상이다.

너는 지금 정확히 어디에 있는가? 이 질문은 생각에 빠져 있을 때 아버지가 내게 종종 묻던 질문이다. 이 질문으로 아버지는 나를 현재로 다시 돌아오게 했다. 어쩌면 당신은 친구나 파트너가 있어서 당신에게 이와 같은 질문을 해 줄 수 있을 것이다. 당신이 과거나 미래에 대한 생각에 사로잡혀 있거나 빠져 있을 때 말이다.

내면에서 충동하는 것을 읽어라. 예를 들어 당신은 "너는 너무 느려"라는 말의 반대 의식인 가속화를 충동질하는 것을 마음 속에 간직하고 있다. 이 가속화를 재촉하는 몰이꾼은 우리를 무의식 가운데로 몰아댄다. 그것은 초기사고에서 항상 다시 표면으로 솟아나와 관심을 가져 달라고 소리친다. 당신이 이 재촉꾼을 빨리 알아차릴수록 재촉꾼이 억누르려는 힘은 미약해진다.

몸 속에 있는 당신 생각을 다시 찾으라. 몸과 정신은 분리된 것이 아니라 상호보완작용을 한다. 당신의 생각이 몸 어느 부분에 깃들어 있는지 찾아서 느껴 보라. 당신의 생각이 몸의 어느 특정한 부분에 영향을 주어 작용하는지 말이다. 어떤 생각은 '위 속을 돌아다니고', 어떤 생각은 숨을 가쁘게 하기도 한다. 몸과 정신의 상호작용에 대해 항상 더 많은 의식을 가져라. 그러면 아마 당신이 생각하지 않았던 다른 방향도 살펴

볼 수 있을 것이며, 생각으로 인한 몸의 상태도 찾을 수 있을 것이다. 여기에서 우리는 몸의 '속도 늦추기'가 얼마나 생각에 직접적인 영향을 미치는지 분명하게 알 수 있다.

체력을 감소시켜라. 삶은 자동, 반사적인 반응으로 가득 차 있다. 이 때 체력을 소모시켜 버리면 몸은 생각을 통해 직접적으로 육체의 반응(예:몸을 움츠린다), 언어의 반응(예:말을 더듬는다), 또는 더 다른 생각들을 해소할 수 있다. 이 반응의 예 역시 '속도 늦추기'를 통해 분명히 볼 수 있다. 이런 경우에도 의식적인 멈춤이 도움이 된다.

정지점

🖐 ⋯ 화가 치솟을 때

🖐 ⋯ 열띤 토론에 참가하겠다고 신청하기 전에

🖐 ⋯ 밤마다 잠에서 깨어 누워 있을 때

1_ 일주일 동안 아침마다 15분씩 시간을 내라. 그 시간에는 아무런 방해도 받지 않도록 주변을 살펴둬라. 그리고 책상 앞에 긴장을 풀고 앉아라. 떠오르는 생각들을 모두 종이 위에 요점만 적어라. 사소한 것도 다 적어라. 한 주가 지나

면 그 메모들을 차례로 늘어놓을 수 있을 것이다. 어떤 주제들이 계속 반복되는가?

2_그 주제에 맞는 이름들을 다음과 같이 붙이라. '나—영웅' '나와 내 은행구좌' '포르투갈' 또는 '실직' 등등. 일상에서 이 형태들을 늘 주시하라. 그것들을 붙들고 있지 말고 웃음을 보내 주어라.

| 우리의 감정 |

감정은 마음의 상태가 평안하다거나 불편하다거나 또는 아무렇지도 않다고 느끼는 것을 말한다. 우리는 감정을 몸이나 정신 속에서 인식할 수 있다.

감정은 정신과 함께 우리의 의식 속을 끊임없이 물 흐르듯 지나간다. 우리는 보통 감정을 기분이나 느낌이라고 표현한다. 감정은 경험들을 채색하며 정신 속에 나타나는 모든 것에 달라붙어 있다.

내적 불안은 우리가 좋은 기분에 집착하고 나쁜 기분을 회피하려는 데서 생겨난다. 우리는 좋은 기분이 항상 유지되길 바란다. 오히려 꽉 붙들어두고 싶어한다는 말이 맞을 것이다. 만약 우리가 항상 편안한 몸의 기분, 매혹적인 흥분이나 정신이 명료한 기분에 가두려 하면 자유를 잃는다. 우리는 또 오래 전에 가라앉은 감정을 다시 얻으려 엄청난 에너지를 쏟아 붓는다. 자신의 온 생애를 지나가 버린 '빛나는 시간'을 뒤쫓는 데만 바치는 사람도 있다.

또한 의식의 다른 측면에는 불편한 감정들이 항상 존재한다. 그러나 불편한 감정에 대해서 설명하기란 쉽지가 않다. 딱딱하게 굳은 어깨에서부터 머리와 팔을 통해 번져 가는 유쾌하지 않은 감정과 신경질적으로 떨리는 눈썹 등을 참고 받아들이기는 매우 어렵다. 이런 감정들은 가능한 한 빨리 없애야 하는 것으로, 우리는 이런 불쾌한 감정에서 벗어나기 위해 많은 방법을 생각해냈다. 음식, 술, 소비, 전화 통화 또는 다른 종류의 '작은 도피'들은 잠시 동안 고통에서 벗어나게 해 기분을 밝게 해 준다.

그러나 점점 더 많은 사람들이 항우울제를 상습적으로 복용하며 코카인이나 마약류에도 손을 댄다. 이러한 약들은 우리 몸의 신경을 마비시켜 울적한 기분을 가라앉힌다. 항상 기분을 편안하게 하기 위해서는 오직 심도 있는 '속도 늦추기'를 늘 실천에 옮기는 방법이 가장 최선이다.

생활 속에서 불편한 기분이 오랜 동안 지속하는 경우는 거의 존재하지 않는다. 기분은 상황에 따라서 생겼다가 사라지는 것이기 때문이다. 우리가 소유하거나 소유하고 싶은 대상들에도 역시 지속적인 행복은 존재하지 않는다. 수년에 걸쳐 많은 노력을 통해 얻은 것들조차 그것을 얻고 난 뒤에는 바로 지루해질 수 있는 것처럼 말이다. 현실화될 수 있는 꿈들은 자신이 내맡긴 환영이 되어 우리 앞에 나타난다. 행복이란 사물에 달려 있는 것이 아니라 오히려 사물에 대한 상상 속에 숨겨져 있는 경우가 많다. 그러므로 일상에서 여러 감정들과의 깊은 관계가 무엇보다 중요한 것이다.

그렇다면 우리는 그러한 주의력을 일상에서 어떻게 만들어 낼 수 있을까? 감정은 삶의 매 순간마다 몸과 정신 속에 나타난다. 우리는 보통 대부분의 그것들을 인지하지 못한다. 몸이 약간 가렵거나, 귀울림, 뺨에 나타나는 홍조, 누군가 뒤에서 우리를 칭찬하거나 판단하며 충동질하는 목소리 등 이렇게 약한 증상들에 주의력을 요하는 것이다. 그리고 이 때 숨쉬기가 많은 도움이 된다. 숨은 우리와 감정 사이에 다리

역할을 하기 때문이다. 숨을 들이쉬면서 이렇게 말해 보자. "이것은 불쾌한 기분이야." 숨을 내쉬면서 이렇게 말하자. "이 불쾌한 기분에 웃음을 보내자." 이 때 중요한 것은 감정을 해석하려 들지 말고 단지 지금 내부와 주위에서 일어나는 일을 확실히 기억하라.

이 간단한 연습만으로도 우리는 한 발짝씩 불쾌한 감정들과 잘 지내려는 잠재력을 가지게 된다. 그뿐만 아니라, 불편한 감정들과도 친근해질 수 있는 것이다. 분노, 화, 질투, 슬픔 등도 기쁨, 평온, 행복과 마찬가지로 우리의 삶 속에 속한 것이다. 우리는 어떤 느낌이 오는 순간 감정과 하나가 될 수 있다. 우리는 감정들과 분리되어 있는 것이 아니다.

감정을 더 분명하게 인식할수록 자신과 주변에 미치는 영향에 대해서도 더 정확히 알 수 있게 된다. 또한 즐거운 평정심과 외부로부터 오는 스트레스를 받아들이고 이러한 관계를 깨닫는 능력이 생긴다. 외부에서 일어나는 사건들에 대한 반응은 미리 확정된 것이 아니라 우리가 내면 깊숙한 곳에서 파악한 것이 표현된 것이다. 생각의 내적 기초에서 반응하는 두 사람은 같은 상황을 놓고 전혀 다르게 반응하는 것도 이 때문이다.

불교의 명상에는 깊은 통찰을 위한 수련법이 있다. 깊은 통찰은 감정들을 부드러운 주의력으로 감싸안음으로써 감정의 깊이를 조절한다. 우리 존재 전체를 모두 기분에 바치면 최선을 다해 인식하며 우리를 돌본다. 무의식중에 우리를 지배하는 많은 감정들은 수년 전 또는 수십 년 전부터 관심을 기울여 달라고 아우성친다.

많은 시간과 이해를 통해 감정들을 보면, 대표적으로 튀어나오는 감정 뒤에는 아주 다른 많은 감정들이 숨어 있다는 사실을 알게 된다. 분노 뒤에는 공포가 숨어 있을 수도 있고 행동력이 숨어 있을 수도 있다. 우리가 더 자세히 들여다볼수록 감정들은 더 많이 발견된다.

이 때 풀리지 않는 감정들은 몸 속에서 긴장과 기막힘으로 고정되므로 깊은 통찰을 통해 그런 매듭을 풀고 없앨 수 있다. 또한 규칙적인 연습으로 막힌 에너지를 다시 원활히 흐르도록 할 수도 있다.

감정과 항상 주의깊은 관계는 스트레스를 예방하는 가장 좋은 훈련이다. 그것은 복받쳐오르는 감정의 굴곡을 멈추게 한다. 스트레스 치료 전문가로 유명한 의사 존 케벳-친(Jon Kabat-Zinn)은 수년에 걸쳐 감정 때문에 스트레스가 생긴 환자에 대해서 연구해 왔다. 그는 연구를 통해 환자들이 어떤 방법으로 자신들의 감정 상태를 변화시킬 수 있는지 알게 되었다. 그것은 바로 숨쉬기를 통해 환자들이 감정으로 인한 영향을 진정시킨다는 것이다. 당신은 스트레스나 분노의 꼭대기까지 올라갈 필요가 없다. 이제 당신은 여러 가지 종류의 조기경고시스템으로 내적 정지 방법을 얻게 된다. 이것이 참된 삶의 '속도 늦추기'다. 분노가 솟아나는 것을 느끼면 당신은 대화를 중단하고 몸의 긴장을 풀고 결정을 미룸으로써 곧바로 비상 제동을 걸 수 있다.

이 방법들은 성질이 불 같은 사람들뿐만 아니라, 감정을 의지로 조절할 수 있는 소위 '이성적인 사람'으로 인식된 이들에게도 많은 흥미를 불러일으킨다.

많은 사람들은 일찍부터 감정을 억누르거나 빨리 잊으려는 법을 배웠다. 그러나 감정은 꺼지는 것이 아니라 오랜 동안 마음 한편에 억눌려 있거나, 잠재워져 있거나, 마취되어 있을 뿐이다. 감정은 우리 내부 깊은 곳에서 일을 하면서도 삶 속에서 적당한 자리를 내놓으라고 요구한다. 보통 냉정한 사람들이 무섭고 위험하다고 한다. 그들은 자신의 감정을, 몸과 정신을 마지막인 극한까지 몰고가 소모시키고 감정적으로 완전히 탈진해 버리기 때문이다.

그러나 우리가 차근차근 모든 감정 상태와 마주하는 법을 배우면 새로운 안정성을 얻게 된다. 예기치 않은 감정의 소용돌이에도 더 이상 쉽사리 자신을 내던지지 않게 된다. 마음 속에서 일어나는 감정의 소용돌이를 그보다 더 거대한 침착함으로 추적할 수 있기 때문이다. 고공비행의 흥분은 이제 우리를 덜 매혹시키고, 파도타기에서 오는 공포도 전보다 훨씬 약하게 느끼게 된다. 우리 존재가 감정 이상이라는 것을 느끼게 되기 때문이다.

감정은 우리에게 끊임없이 무언가를 말하려고 한다. 우리가 감정과 맞서싸우지 않고 애정어린 눈으로 주의깊게 바라보면 감정은 '속도 늦추기'의 긴 여행에 가치 있는 동반자가 될 것이다.

정지점

🖌 … 당신이 마음을 스스로 닫았을 때

🖌 … 커다란 상실감을 느꼈을 때

🖌 … 거대한 성취감을 느꼈을 때

1_ 불편한 감정과 편안한 감정 이외에 중립적인 감정도 존재

한다. 중립적인 감정이란 예를 들어 당신이 두통이 없을 때라고 할 수 있다. 당신은 이 중립적인 감정을 긍정적인 감정으로 변화시킬 수 있다. 극심한 두통에 시달렸던 때를 다시 생각해 보라. 당신 머리가 어떻게 느껴졌었는가? 주의력을 현재의 머리 상태에 돌려라. 고통이 없는 상태를 기뻐하라.

2_ 업무에 당신의 감정을 더 강하게 포함시키도록 해 보라. 당신이 다른 사람들과 어떻게 지내는지, 기분이 안 좋은 날이나 특별히 기쁠 때에는 이를 함께 나누어라. 당신이 중요한 미팅을 할 때 참가자 전원에게 각자 자신의 기분을 몇 줄이나 세 가지 형용사로 나타낸 짧은 보고로부터 시작하라. 이 작은 교환은 바로 감정과 관계를 맺게 하고, 서로의 이해를 심화시켜 회의중에 내면의 세계를 잃어버리는 위험을 감소시킨다.

우리의 지식

십 년 전부터 나는 지식을 가진 학자로서, 기업컨설턴트이

자 트레이너로서 일해 오면서 내 지식의 주제가 여러 번 바뀌는 것을 관찰할 수 있었다. 지식은 고정된 것이 아니라 살아 있는 것이다. 지식은 정보와 같은 차원에 놓일 수는 없다. 지식은 경험이 몸에 쌓여서 언제든 불러올 수 있는 것으로, 타인과의 의사소통을 위한 기본 바탕을 형성한다. '지식'에 대한 우리의 방식 속에 삶의 역사가 반영된다. 지식은 많은 부분이 동시에 발생한다. 사회적 지위의 상징, 내면의 지시자, 시장 잠재성, 동일성 수립자, 의사소통의 내용과 정보필터 등.

지식은 통속적인 것이 아니라 삶을 포괄하는 질서를 제공한다. 지식은 정신의 뼈대로, 경험과 다양한 학습 과정을 통해 형성된다. 우리가 현재 사용하는 지식은 주변 환경으로부터 선택하고 해석한 정보와 데이터들이 결정적으로 관여함으로써 확정된 것이다. 지식은 어떻게 우리가 세상을 바라보는가와 세상이 우리에 대해 어떻게 반응하는가를 결정한다.

많은 학문적, 기술적 관심이 현대 사회에 계속 폭발하고 있다. 이에 따른 정보의 증가와 현재의 지식에 대한 급속한 추월이 우리를 압박하는 요인이 된다. 세상에 동참하기 위해 얼마나 더 알아야만 하는가? 우리가 무엇을 알아야 하는지에 대한 명백한 기준이 이제는 존재하지 않는다. 동시에 노동시장에 대한 업무 능력도 점점 더 많이 요구된다. 지식은 얼마나 빨리 '생산될 수 있는가'에 따라 판단이 내려진다. 언제까지 끝내서 적용 가능한지, 언제 시장에 판매할 수 있는지에 따라 말이다. 개인의 지식이든 직업상의 지식이든 상관없다. 연구 프로젝트와 학문 계획은 점점 더 빠른 진행 목록과 같아지고 있다.

지식은 시대의 흐름에 따라 그 필요성이 변화되어 안정성을 잃어버렸다. 거기에다 외부 변화의 빠른 속도가 덧붙여져 우리 내면의 질서 의식도 더 이상 주변 환경에 맞지 않게 되었다. 이로 인해 세계관은 흔들리고 지식의 정체성은 위기에 빠졌다.

점점 더 많은 사람들이 빠르게 돌아가는 현실을 쫓아가지 못해 불안과 스트레스를 받거나, 자신이 장님이나 어중간한 지식인이라는 기분이 들기도 한다. 현재의 가속화된 흐름으로 온갖 종류의 지식이 붕괴될 위기에 놓여 있다.

'속도 늦추기'는 지식과의 긴장감을 없애는 데 도움이 된다. 내가 쓴 책 『지식은 만들 수 있다. 명석한 두뇌를 위한 50가지 기초』에서 어떻게 우리가 역동적인 지식 사회에서 개인의 지식이 자유를 유지할 수 있는지에 대해서 쓴 적이 있다. 여기에 '속도 늦추기'를 위한 가장 중요한 인식이 숨어 있다.

당신의 지식을 굳은 벽돌이 아니라 흐르는 물이라고 생각하고 보라. 당신이 지금까지 배운 지식이 어떻게 생기게 되었는지 더듬어서 생각해 보라. 어렸을 때는 태양이 지구 둘레를 돈다고 생각했다. 그러나 지금은 더 많은 것을 안다. 그리고 내일이면 더 많은 지식을 얻게 될 수도 있다. 지식은 잠정적인 어떤 것일 뿐이다. 마치 지팡이와 같다. 우리가 이런 인식을 가지고 살면 싸움이나 논리의 주장에서 오는 거대한 스트레스를 줄일 수 있고 주변의 인식에 대해서 개방된 태도를 유지하게 된다.

이론이나 '진리' 또는 이념을 위해 '목숨을 걸지' 말라. 어떤 이론은 매혹적인 아름다움과 설득력이 될 수 있다. 또한 사람들을 판단함에 있어 의심의 여지를 남겨놓지 않아 오류를 범할 수 있다. 어떤 기업, 종교, 또는 개인의 신조 등은 유일한 현실성으로서 정확하게 반영되는 것으로 보이기도 한다. 수없이 많은 사람들이 최후의 진리라는 이름 아래서 목숨을 버리거나, 그 이름을 위해서 희생당했다. 우리가 지식을 다른 어떤 것보다 더 숭고한 것으로 높임으로써 이데올로기나 도그마가 된다. 그와는 반대로 이념들과 내적인 거리를 두면 커다란 전쟁뿐만 아니라 일상의 작은 다툼들도 약화시키거나 막을 수 있다. 진리는 항상 다른 사람의 진리이기도 하다. 우리가 지식을 절대적인 어떤 것으로 보지만 않는다면 국가와 국가, 부부 사이, 학자들과 이웃간의 대립과 갈등은 그 첨예함을 상실한다. 절대적인 기준이 더 이상 문제가 되지 않을 때 '속도 늦추기'는 가능해진다.

배움의 방향과 속도를 당신 스스로 정하라. 학교와 대학뿐만 아니라 직업을 위한 재교육도 우리들에게 교육 목표와 속도를 미리 제시한다. 많은 사람들이 배움의 길에서 교육스트레스를 받는다. 그 대상에 대해 전혀 관심이 없음에도 불구하고 습득해야 할 때 받는 시간압박으로 짓눌리는 기분을 모르는 사람이 누구인가? '속도 늦추기'는 교육스트레스에 대한 최상의 방어책으로서 자연스러운 관심을 갖게 한다. 무엇을, 어떻게, 언제까지 배워야 하는지에 대한 사항과 이를 타인의 결정에 맡겨도 되는지 항상 심사숙고하게 한다. 우리가 스스로 배우는 속도와 방향을 정할 수 있으면 현재의 지배적인 지식 전달 방식을 학원 제도에서 대안으로 찾을 수 있다. 즐거움을 배움의 중심에 두면 학사 학위나 졸업 그리고 그밖의 학위 타이틀에 쉽게 내몰리지 않는다.

어느 한 분야의 대가가 되기 위해 노력하라. 대가는 어느 날 갑자기 하늘에서 툭 떨어지는 것이 아니다. 재능은 그것을 발전시키고 성숙하게 하기 위해 지속적인 연습과 훌륭한 스승, 시간을 필요로 한다. 모든 직업에는 그 분야의 대가가 있다. 대가다움은 삶에 신뢰와 안정, 기쁨과 깊이를 부여한다.

그것은 그저 전문성을 위한 요소가 아니다. 대가는 일을 하는 데 있어 모든 것을 쏟아부음으로써 삶의 다른 영역도 한층 더 심화시킨다. 어느 시대이든 직업과 전문 분야를 함께 추구하여 일가를 이루기 위해 진지하게 노력한 사람이 그 일에서 아무 성과 없이 빈손이 되는 경우는 거의 없다.

우리 사회에는 끈질기게 한 곳을 파고들어 자신의 지식을 가치 있는 영역에서 넓히고 사회에 환원하는 사람보다 더 필요한 사람은 없다. 그러나 심화된 지식이 붕괴되는 과정에서 생산될 수는 없다. 대가의 숙련성은 유행을 따르지 않는다. 그러므로 우리는 본인의 핵심 분야를 선택하고 주의깊게 그 분야를 계속 발전시킬 수 있도록 노력해야 한다.

당신에게 부족한 지식이 무엇인지 잘 파악하라. 우리는 한 주제에 대해 잘 알지 못한다는 사실을 인정하면서 깊은 배움의 과정에 들어서는 전제 조건이 형성된다. 모든 것을 다 안다고 생각하는 사람은 배우는 것도 적다. 초심을 가지고 무엇이든 배우려는 자세를 가지면 어떤 상황이든 늘 새롭고 자유로운 마음으로 체험하게 된다.

배움에 있어 지식을 다른 지식에 대항해 지키려 애쓸 필요가 없다. 선입견, 도그마, 이론 등을 대할 때 '그건 뭐 별 새로울 것도 없잖아.' 하는 식의 섣부른 판단 대신 있는 그대로 보게 된다. 우리는 새로운 것을 위해 정신을 비우지 않은 상태에서 지식을 추구한다. 그래서 다음과 같이 묻는다. "그게 정말이야? 확실해?"라고.

우리가 새로운 지식을 받아들일 때에는 생각보다 객관적이지 않을 때가 많다. 누군가 확실하다고 고집하기 때문에 많은 스트레스와 나쁜 결과가 생기기도 한다. 우리가 웃으며 "나는 몰라"라고 스스로 말할 수 있다면 이미 '속도 늦추기'를 위한 최선의 길 위에 있는 것이다.

정지점

🖐 … 100% 확신할 때

🌾 … 전문가와 지내고 있을 때

🌾 … 당신이 멍청하고 잘 알지 못한다고 느껴질 때

1_ 지금 당신이 추구하고 있는 지식의 목표를 적어 보라. 아주 실용적으로 말이다. 어느 분야의 지식을 지금 쌓으려 하고 있으며, 그 일은 어떻게 진행되고 있는가? 이 분야에서 배우는 것이 즐거운가? 훌륭한 선생님은 있는가? 충분한 시간을 들이고 있는가? 이러한 조건으로 대가의 경지에 오를 수 있는가? 당신의 학습 환경에 대해서 진지한 대차대조표를 그리라.

2_ 5분 동안 '속도 늦추기'의 주제에 대해 알고 있는 모든 것을 핵심단어들만 적어라. 당신의 생각들을 다시 한 번 정확히 읽으라. 이제 써 놓은 메모를 찢어 버리든지 불태워 없애라. 이 행위를 당신이 가진 지식을 자유롭게 하는 하나의 상징으로 삼아라. 일상 속에서 부지불식간에 어떤 지식에 사로잡혀 있을 때 이것을 기억하라.

양심과 가치의 갈등은 마음 속에서 불안을 일으키는 주요 원인이다. 깊이 신뢰하는 것이나 확신에 반하는 행위를 의식, 또는 무의식중에 하게 되면 우리는 내, 외적으로 긴장한다. 이런 상황에서의 잘못된 논쟁이 삶에 불러올 분열과 부자유의 갈등에 빌미를 주지 말자. 정해놓은 가치에 대한 갈등이 깊어질수록 그만큼 더 팽팽한 긴장감이 나타난다. 가치에 대한 갈등이야말로 말 그대로 내면을 갈기갈기 찢어놓는다.

다른 사람에게 상처를 주면 항상 자신도 상처를 받는다. 다른 사람들을 속이거나 배신하고, 조종하고 착취하는 어떤 행동이건 간에 스스로에게도 그것을 행하는 것이다. 타인에게 미미한 상처를 주는 일도 우리에게 다시 되돌아온다. 그 일은 삶의 외부와 내부에서 계속 진행된다. 우리는 스스로 한 행위로부터 벗어날 수 없다.

불교에서 명상의 시작은 윤리 원칙을 깨닫는 것에서부터 비롯된다. 왜일까? 불교에서는 이미 윤리적인 가치를 자기 의무를 갖추지 않고 정신을 발전시키는 일에는 한계가 있음을 경험을 통해 알았기 때문이다. 윤리적인 올바른 깨달음 없이는 깊은 이해와 통찰을 위한 명상에 꼭 필요한 집중과 주의력을 발전시킬 수 없다. 다른 사람에게 나쁜 일이 생기기를 바라는 정신으로는 진정한 안정을 얻을 수 없다. 이 점이 바로 윤리의 실천이라는 의미에 새로운 모습을 제시하는 것이다. 올바른 윤리적 태도는 '속도 늦추기'를 지원한다. 모든 수도승들은 이러한 관점을 배웠고 실천했다. 선에서든 불교의 통찰수행(=시라 sila)에서든 모든 영적인 전통에는 그 핵심에 공통된 윤리 가치를 공유한다.

우리는 가치 자체와 가치와의 관계를 서로 구별할 줄 알아야 한다. 경직된 가치 구조는 삶의 내, 외적으로 감옥을 만들어낼 수 있다. 인간을 '죄인'으로 낙인찍어 자애로운 선량함을 배제하고 선과 악으로만 분류하는 경직된 윤리는 자유인의 기쁨과는 거리가 멀고 가치 개념이 바탕을 이룬 삶과도 동떨어진 것이다. 근래 들어 많은 사람들이 교회를 떠나고 있다. 그 이유는 계율의 대표자들이 신뢰할 만큼 삶이 구현되지 않았기 때문이다. 또한 교회는 연민이나 사랑이라는 가치를 창출해내는 효과적인 수련 방법을 사람들에게 제공할 수 없거나 제공하려 하지 않기 때문이다.

우리는 가치 평가를 도덕적인 갑옷이나 엄한 금지 조항으로 보지 않고 개인의 수련 방법을 위한 안내자로 보고 배울 수 있다. 물론 윤리 또한 연습을 해야 하고 연습해도 되는 것이다. 나는 자신의 삶을 만족, 자유, 사랑의 반대 방향으로 발전시키려는 사람을 한 번도 본 적이 없다.

그리고 이런 발전 방향을 위해 가치 규범이 필요하다는 것에 의심을 품는 사람도 거의 알지 못한다. '속도 늦추기'는 가치를 의식하고 일상 생활에서 그 가치를 훈련하는 일을 돕는다. 만약 정신을 반영하는 우리의 의식이 제한되어 있다면 그것을 가지고 어떻게 가치 기준을 설정할 수 있겠는가?

윤리를 위한 자유로운 선택은 우리에게 이중의 부담을 줄 수 있다. 도덕적 죄책감과 윤리적 질서 상실이 그것이다. 양자는 내적 불안을 불러일으키는 지칠 줄 모르는 원천이다.

많은 사람들이 자신의 직업에 스스로 진정으로 진실할 수 없다는 고통에 시달린다. 그들은 항상 고객이나 공급자들을 속여야 하는 생산품을 만들거나, 이런 상업적 행위를 위해 세계를 파괴하는 기업에서 일하고 있는 사실에 병이 든다.

우리가 올바른 가치 속에서 살 수 있고, 이와 같은 영혼을 가진 사람들이 공동으로 영향을 줄 수 있는 환경에서 살 수 있다면 그것은 대단한 행복이다. 우리가 추구하는 가치를 구현하면 할수록 그런 상황은 더 빨리 실현된다. 평화로운 사람에게는 항상 평화를 꿈꾸는 사람들이 몰려들게 마련이다. 언제나 공격적인 사람들에게는 논쟁과 싸움이 몰려든다. 우리 스스로가 변화를 하면 할수록 환경도 그만큼 변화한다.

나는 자신의 삶에 자유 의사를 가지고 가치 기준을 의식적으로 결정한 많은 사람들의 발전을 관찰할 수 있었다. 가치 공동체에 발을 들임으로써 안정과 기쁨으로 충만한 파장을 삶 속에 끌어 들이는 것은 대단한 기쁨을 준다.

이 전제 조건은 입에 발린 고백에 내맡기지 않고 다른 사람의 지지를 통해 스스로 가치 체계를 형성하는 연습이 실천되어야 한다. 이 때 필요한 사람은 윤리를 재판하는 심판자가 아니라 길을 동반해 줄 친구이며, 몸소 실천하는 가운데 겪었던 본인의 어려움과 성공을 함께 나눌 사람이다.

그런 길을 가기 위해 우리 모두가 수도승이나 수녀가 될 필요는 없다. 생활 속에서도 얼마든지 그 길을 갈 수가 있다. 한 번이라도 자신의 가치를 올바르게 정하고 살아가는 사람을 만난 적이 있다면 그는 이미 가치 결정의 힘을 알게 된다. 이런 사람들에게서는 안정감이 배어나는 것을 느끼게 된다. 이것 역시 '속도 늦추기'의 한 부분이다.

종교나 영성(靈性)이 당신의 관심 주제가 아니더라도 가치에 대한 물음을 분석하는 일은 중요한 의미가 있다. 당신이 친지나 세무서 관리나 동료를 속이는 등 아무렇게나 행동했을 때 정신에 무슨 일이 일어나는지 관찰해 보라.

내 경험으로는 이 모든 행위는 ―그것이 아주 사소한 일로 별 의미가 없어 보일지라도― 의식 속에 작지만 불편한 흔적을 남긴다. 당신은 어쩌면 밤이면 침대에 누워 하루 일을 되돌아볼지도 모른다.

혹은 하루의 어떤 일이 삶을 깊고 넓게 만들었으며, 어떤 일이 어두운 그림자를 드리우는지 더듬어 보려 할 것이다. 이렇게 하루 일과를 돌아보는 일은 매우 의미가 있으며, 행위와 내적 안정과의 상관 관계를 더 잘 이해하는 데에도 도움이 된다.

정지점

🐚 … "한 번쯤이야 상관없어"라고 생각할 때

🐚 … 잠들기 전에 하루 일을 돌아볼 때

🐚 … 부당한 일을 보거나, 혹은 당할 때

1_ 연대감을 느낄 수 있는 모임이나 공동체를 선택하라. 이

단체들에는 이미 당위성, 회칙, 목표나 모범상 등이 형성되어 있을 수 있다. 당신이 관련된 가치에 대한 물음을 이 단체 속에서 주제화하라. 이미 있다면 당신은 모임이 시작되기 전에 그 가치들을 앞에 나가 큰 소리로 읽어라. 당신이 옳은 길에 있는가? 서로 존중하는 분위기 속에서 당신이 삶에서 느끼는 가치의 의미들을 서로 나누어라. 당신은 생활 속에서 이 가치들과 어떤 관계로 살고 있는가? 가치들은 충분히 구체적인가? 어떤 문제들이 발생하는가? 어떻게 상호보완할 수 있는가?

2_ 이 시점에서 어떤 사람이 당신의 삶에 가장 많은 영감을 주는지 자문해 보라. 눈을 감고 그 사람을 떠올려 보라. 그 사람은 어떤 가치를 띠고 있는가? 그는 당신에게 무엇을 가르쳐 주는가? 그리고 '속도 늦추기'와의 관계에서 그는 당신에게 무엇을 가르쳐 주는가?

3_ 직장 생활이나 개인 생활에서 당신의 가치는 현재 사회를 지배하는 가치 규범과 어떤 점에서 충돌하는가? 가능하다면 가치의 차이점들을 잘 구별해 보라. 일상 생활 속에서

이 가치들이 충돌할 때 당신의 내면에서는 어떤 일이 벌어지는지 관찰하라. 정신 상태는 어떻게 변하는가? 삶의 동기 부여와 환희에는 이 가치들이 어떤 영향을 미치는가?

| 우리 정신의 양식 |

우리가 먹는 음식의 질은 법적인 규정을 통해 지지되고 있다. 우수하고 건강하게 유기농법으로 생산된 농산물을 섭취하려는 의식이 점점 더 늘어나고 있다.

근래 독일에서는 유기농법으로 만들어진 농산물을 파는 상점이 점점 더 늘어나고 있다. 그러나 정신의 양식은 어떻게 되고 있는가? 그 누가 중독, 혼란, 스트레스로부터 정신을 보호해 주는가? 우리는 어떻게 정신의 양식을 선택하는가? 도대체 정신의 양식이라는 것은 무엇인가?

정신의 양식은 우리가 생각하든 못하든 간에 의식 속에 들어오는 모든 것으로 이루어진다. 정신의 양식은 오감을 통해 받아들이는 모든 인상들을 말한다. 여기에 내, 외적으로 느껴지는 기분과 우리가 관계를 맺고 있는 생각, 이념이 더해져서 이루어진다. 어떤 접촉을 하는 순간 이 대상 가운데 하나가 우리에게 느낌을 전해오는 것이다.

모든 접촉 관계는 의식에 흔적을 남기며 그것이 영양을 공급할 수도, 해를 끼칠 수도 있다.

모든 접촉은 가속화나 '속도 늦추기'가 잠재되어 있다. 우리를 흥분시키고 불안하게 만들며 파괴하고 긴장감을 주거나, 혹은 내부에 존재하는 탐욕과 폭력을 불러일으키는 정신의 양식도 있다. 그런가 하면 우리에게 영감을 주거나 긴장을 풀어 주고, 좋은 기분을 주고, 이해를 심화시키는 정신의 양식도 있다. 그러나 의식은 쉽게 혼란에 빠지고 긴장감으로 가득 차거나 중독이 되기도 한다.

이런 일은 우리가 영화나 선전광고, TV프로그램, 잡지, 책, 대화나 연설 등을 접할 때 공포와 폭력이나 분노 같은 부정적인 정신 상태를 요구한다. 여러 가지 매체와 인상들의 소비 분위기 가운데 어떤 것을 당신 스스로 해소할 수 있는지 시험해 보라.

요즘 우리 사회는 정신에 독이 되는 것들을 대량으로 생산하고 있다. 이 독은 대중매체를 통해 성인과 어린이들에게 여과 없이 전달된다. 폭력이 난무하는 비디오, 영화와 장난감들이 청소년 문화에 확고하게 자리잡게 되었다. 특히 각 개인이 가지고 있는 TV는 집단 의식에 더욱 파괴적인 영향을 끼치고 있다. 청년 살인광란자와 폭력비디오의 밀접한 상관 관계는 불보듯 뻔한 일이다.

현대 기술과 생산물은 감각 기관과 의식에 강력한 영향력을 행사하고 있다. 이 영향력은 개인의 정신뿐만 아니라 집단 의식에도 심각한 해를 끼친다. 내가 14살이었을 때 공포영화를 본 적이 있는데, 그 영화에 나오는 언어와 행동은 믿을 수 없을 정도로 끔찍하고 인간을 멸시하는 내용이었다.

지금도 그 영화의 잔상이 의식 속에 남아, 그 장면이 떠오르면 맥박이 뛰면서 현기증이 난다. 정신은 중독될 수 있다. 정신의 나쁜 양식은 내적 평온함에 오랜 시간을 두고 해를 끼칠 수 있다.

현대 생활에서 우리의 정신이 법적으로 얼마나 형편없이 보호받고 있는가를 알면 경악할 수준이다. 경제의 자유, 발언의 자유, 예술의 자유라는 법조문하에 파괴적인 정신의 양식이 확산되는 것이 공공연하게 지지되고 있는 실정이다. 이와 동시에 공공장소는 점점 더 선전광고를 무제한으로 제공한다. 이것을 거부하고자 하는 사람은 눈가리개를 하고 길을 다녀야만 할 지경이다.

감각 인식을 해치는 오늘날의 대부분의 것은 시각적인 차원에서 제공된다. 광고 산업은 이른바 '눈동자와의 전쟁(war for eyeballs)'이라는 말로 표현될 정도로 심각하게 우리의 시각과 전쟁을 벌이고 있다. 이것을 '주의력 경제'라고도 한다. 우리는 눈을 더 조심해야 한다. 무엇이 문제인가? 우리는 시내를 다닐 때 조용한 곳을 선택해야만 선전광고판과 번쩍이는 선전문구의 전광판들을 피할 수 있다.

부처가 말하기를, 오감에 감시꾼을 두어 누구를 들여보내고 누구를 들여보내지 말지 결정하도록 해야 한다고 했다. 부처는 의식을 집에 비유하고 감각 인식을 손님에 비유했다. 손님을 선택하는 데는 주의를 기울여야 한다.

길에서 제공하는 모든 전단지를 다 받아들 필요는 없다. 모든 토론 주제에 참여할 필요도 없다. 우리는 모든 것을 선택할 수 있다. 그렇게 하면 감각의 감시꾼을 강화할 수 있고, 해로운 정신의 양식에 대한 예방 체계를 차근차근 구축할 수 있다.

통제되지 않은 TV시청보다 사람들의 의식에 더 해악을 많이 끼치는 것은 아마 없을 것이다. 나로서는 주의깊은 선택보다 더 중요한 것은 없는 것으로 보인다. 아무런 목적 없이 TV

를 켜면 우리는 의식을 평소에 좋아하는 프로그램에 보낸다. 주의력 없는 TV시청과 '속도 늦추기'는 서로 어긋난다. TV는 우리가 쉬려고 조용히 앉아 있는 동안에도 내면을 마음대로 휘저을 수 있다.

미국인들은 매년 평균 2만 통에 달하는 선전광고 우편물을 받는다고 한다. 이런 것들은 우리의 정신을 서서히 착각 속에 빠뜨린다. 우리가 TV를 통해 집 안으로 가지고 들어오는 각각의 폭발물과 살인으로 인해 내적 불안은 점차 증대된다. TV는 쉴 새 없는 움직임을 증가시키고 감정을 가지고 장난을 치는 매체들로 우리 생활에서 가장 많은 가속화 작용을 한다.

우리 집에서는 얼마 전부터 TV를 창고에 넣어 버렸다. 그리고 꼭 시청하고 싶은 것이 있을 때만 TV를 꺼낸다. 이러한 문턱은 우리가 사소한 소비 충동에 사로잡히지 않도록 해 주는 데에 더 없이 효과적이다.

정신적 양식의 질을 높이는 방법은 이외에도 여러 가지가 있다. 영적인 지도자와의 만남은 이런 점에서 매우 중요한 진전을 의미한다.

부단한 수행을 통해 자신의 정신 과제를 이루어내 '속도 늦추기'의 심오한 차원을 실현한 사람과의 만남은 우리의 정신 발전에 매우 많은 깨우침을 준다. 그런 사람 가까운 곳에서 따라 배우는 일은 우리의 정신을 살찌운다.

또 하나의 방법은 의식적으로 고요 속으로 침잠하는 것이다. 소란에서 벗어나 자연 속으로 들어가 보라. 문을 닫고 소리를 없애라. 잡담을 금지하는 도서관이나 사우나의 숙면 구역 등에 있는 안정의 효과를 아는가? 혼자서 조용히 보내는 시간들은 치유와 해독의 시간이 될 수 있다. 우리의 삶은 이로 인해 더욱 더 명료해진다. 고요함 속에 영감이 자라나고, 많은 위대한 작품들은 고요함 속에서 성장한다. 어쩌면 당신은 고요함 속에서 잃어버린 재능을 다시 발견할지도 모른다. 당신도 이런 안정 구역을 만들라.

오늘날 인류 역사의 가장 위대한 작품들을 파악하는 일은 아주 쉽다. 또한 지금처럼 영감으로 가득한 사상이나 이론을 접하기 쉬웠던 적 또한 역사상 한 번도 없었다. 그러나 우리는 선택을 통해 그것들을 제한할 수 있다.

핵심이 되는 양서만 꽂힌 작은 책장을 세워둘 수 있는 것이다. 오직 깊은 영감을 주고 정신의 발전에 양식을 주는 책만을 말이다. 당신은 하루에 몇 시간이나 책을 읽으면서 시간을 보내는가? 그리고 자신이 정한 보물책장에 채울 양서를 위해 얼마나 많은 시간을 쓰는지 생각해 보라.

그리고 정신을 풍요롭게 하는 방법에는 명상도 있다. 예를 들어 메타 명상법처럼. 이런 명상법은 우리의 정신을 의식적으로 살찌울 수 있다.

명상법은 사랑이나 연민, 기쁨과 평정심 등 긍정적인 정신 상태를 의식 속에 자라나게 하는 데 도움이 된다. 이런 상태가 점점 강해질수록 깊은 의식 속에 슬며시 파고들어 자극과 긴장감을 높이는 구제 불능의 이미지와 언어는 설 자리를 잃는다.

정신은 과거를 총체적으로 포함한다. 20세, 30세, 40세의 부주의한 소비는 막기가 쉽지 않다. 또한 정신적 외상도 지워 버릴 수 없다. 그러나 당신이 원한다면 지금 당장 정신에 좋은 양식을 주는 일을 시작할 수 있다. "고맙지만 사양하겠습니다. 난 그걸 사지 않겠어요. 신경만 쓰이니까요." 이렇게 말하면서 기쁜 마음을 가질 수 있다면 말이다. 우리는 멈춤을 통해서 과거의 실수를 더 이상 반복하지 않을 수도 있다.

스스로에게 어떻게 하면 정신에 좀더 좋은 양분을 줄 수 있는지를 항상 자문할 수도 있다. 건강한 정신의 양식은 '속도 늦추기'의 다른 모든 분야를 강화하고 보호하는 일이다.

정지점

🖐 … 우편물을 받을 때

🖐 … 대화 상대자가 너무 많이 취했을 때

🖐 … TV 리모콘을 손에 잡았을 때

1_ 명상, 단식 치료법을 실행하라. 가장 좋은 것은 3주간이며, 최소한 일주일은 실천하라. TV, 라디오, 영화, 신문, 잡지, 인터넷이나 그 밖의 다른 매체를 모두 멀리하라. 이기간에 당신의 소비 충동을 밝혀라. 하루에 삼십분 간 당신의 '보물책장'에 있는 책을 읽으라. 아내나 애인에게 읽어 주거나, 아침저녁을 맞는 의식으로 삼는 것도 좋을 것이다. 단식 치료 기간 동안 당신의 정신에 어떤 변화가 오는지, 그리고 영감이 있는 독서가 어떤 영향을 미치는지 관찰해 보라.

2_ 하루 종일 어떤 선전광고와도 접촉하지 않도록 시도해 보라. 선전 플래카드나 인터넷사이트의 광고, 전단지, TV광고 등 그런 것들을 들여다보지 말거나 거절하라. 일상 생활을 광고의 홍수에서 멀어지려 노력하라.

3_ 어떤 정신의 양식이 당신에게 특히 좋은지 알아내도록 하라. 이 양식이 ─음악, 독서, 대화, 자연과의 접촉 등─ 일상 속에서 확고히 자리를 잡도록 하라.

제**4**장

네 행동의
속도를 늦춰라

| 우리의 빠른 행동 |

삶은 우리가 한 행동의 총합이다. 우리는 읽고, 쓰고, 달리고, 일하고, 춤추고, 전화를 한다. 하루의 매 순간마다 뭔가를 한다. 행위의 어떤 것은 큰 의미가 있어 보이고 어떤 것은 사소하고 별 의미가 없는 것으로 보인다. 정체성은 우리가 무엇을 하느냐(할 수 있느냐) 그리고 (더 이상) 할 필요가 없느냐 하는 기준에 의해 정해진다.

지난 십 년 사이 우리는 전 분야에 걸친 행위에서 어마어마한 가속화와 압축성을 경험했다. 어디를 둘러보든 스트레스에 찌든 사람들이 눈에 띈다. 그들은 아이들을 데리고 이 학원 저 학원으로 뛰어다니는 어머니들이거나 하루 종일 일에 치여서 사는 자영업자가 주말이면 자기 집을 지어야 하는 경우일 수도 있다. 많은 사람들이 삶에 가속도를 높이며 미친 듯이 질주하고 있다.

나는 포르투갈의 작은 어촌에서 한 달 동안 머무는 행운이 있었다. 그 곳의 늙은 어부들은 함께 모여서 일을 했다. 그런데 그들은 일을 하면서 되도록 말을 적게 했다. 그들의 조용한 가운데서 일을 하는 광경은 나를 한눈에 사로잡았다. 그들의 삶은 조급함과는 아주 거리가 먼 것처럼 보였기 때문이다.

내가 다시 독일로 돌아와서 느끼게 된 불안과 긴장감과는 전혀 동떨어진 것이었다.

현대 사회는 우리에게 점점 더 많은 선택의 기회를 주는 반면 소외감 또한 끊임없이 주고 있다.

주위에서는 다음과 같은 소리가 점점 더 자주 들리고 그 목소리 또한 높아지고 있다.

"삶이 갈수록 더 빡빡해지는 것 같다."

"시간을 효율적으로 관리해도 전혀 시간을 낼 수가 없다. 내가 더 빨리 잘할수록 점점 더 많은 업무가 쌓인다."

"나는 이 다람쥐 쳇바퀴에서 빠져나오고 싶다. 그러나 솔직히 말해서 밖으로 나오는 한 걸음을 뗄 용기가 감히 나지 않는다."

"친구와 나는 같은 일에 종사한다. 그런데 우리는 스치듯이 아주 짧게 만난다. 관계가 깊어질 시간이 없다."

"우리 부서에서는 지난 10개월 동안 세 명의 동료가 만성피로증후군으로 사직했다. 하지만 이 사실을 입에 올리는 것을 모두들 터부시하고 있다."

점점 더 많은 사람들이 눈을 비비며 깨어난다. 그들은 이제 가속화가 주는 이익과 통계상의 성장률을 믿지 않는다. 그에 비추어 삶의 일상은 가속화로 인해 더 많은 고통을 받는다. 그들의 삶은 이제 정신없는 하루가 가져다 준 가득 찬 돈주머니로도 행복해지지 않는다. 더 많은 약속과 더 많은 소비, 더 많은 대화와 더 많은 아이디어들, 더 많은 경험과 더 많은 음주 등. 그러나 이 모든 것이 지속적으로 기능을 할 수는 없다. 환각 상태가 지나고 나면 후회에 빠진다. 매혹 뒤에는 스트레스가 따른다. 넘치는 것보다는 모자람이 더 나을 때가 있다. 그런 이유로 점점 더 많은 사람들이 일상의 과잉으로부터 자신을 보호하려 한다.

세 사람이 손에 샴페인 글라스를 들고 첫인사를 나눈다. 그 중 한 사람이 말한다. "라이히트강 박사님, 제가 당신에게 부르노 프라이탁 씨를 소개해 드릴까요?" 라이히트강 박사가 대답하기를, "고맙지만 사양하겠소. 난 이미 충분히 많은 사람들을 알고 있다오."

많은 사람들 사이에 이런 일이 일어나고 있다.

이처럼 단순한 삶에 대한 동경이 늘어나는 추세이다. "네 인생을 단순화하라!" 이 말은 이제 우리 시대의 중심 모토이다. 점점 더 많은 사람들이 자신의 업무 리스트, 전략적 연중 계획, 프로젝트, 포트폴리오의 압박으로부터 자유로워지는 방법을 모색하고 있다.

우리의 행동 차원에서 본 '속도 늦추기'의 목적은 다음과 같다.

✔ 선택의 홍수 속에서 허우적거리며 쓸려다니지 않기 위해
✔ 하루의 작은 행위들과 더 깊이 결합하기 위해
✔ 모든 행동에 있어서 의식을 활성화하기 위해
✔ 고유의 행위 수준을 조절하기 위해
✔ 삶의 충동으로부터 정체성을 찾고 이해하기 위해

| 우리의 행동을 위한 다섯 가지 열쇠 |

현재성. 우리는 가끔 스스로에게 이런 질문을 한다. "나는 지금 무엇을 하고 있는가?" 우리는 하루를 보내면서 행위의 수백 가지 면에서 자신을 잃어버린다. 우리는 앉으면서 벌써 일어설 것을 생각하고, 일어서면 이미 가는 것을 생각하고, 가면서 벌써 도착한 것을 생각한다. 이와 반대로 우리가 한 가지 일에 머무르면 보기에 별 흥미롭지 않은 행위들, 예를

들어 이를 닦는 행동도 흥미로워진다. 생생하고 살아 있다는 것을 느끼기 위해 값비싸고 흥분되는 특별한 행위가 필요한 것은 아니다. 현재의 순간이 있음으로 해서 일상이 값진 체험으로 이루어진다. 깊은 체험은 구체적인 행위와는 상관없이 의식 수준에 달려 있는 것이다. 현재에 충실한 행동은 가뿐해지고 재미있는 놀이처럼 더 잘 된다. 행위와 의식 사이의 이런 완전한 융합을 불교 명상법에서는 사마디(Samadhi)라고 한다. 의식을 가지고 하는 행위는 삶에 신선함과 집중력을 부여한다. 모든 행위에 현재성을 도입하는 일은 일생을 통해 가장 자유로운 연습이다.

변화무쌍함. 한 가지 행동을 천 번 하더라도 그 행동이 똑같은 것은 하나도 없다. 모든 상황은 언제나 새 것이다. 의식과 주변에는 각양각색의 차원에서 변화가 일어난다. 일상의 작은 일과를 그런 식으로 보게 되면 개방성(자유로움)이 유지되고 일상이 타성에 젖어 버리는 위험도 막을 수 있다. 이러한 내적 개방성을 초심자의 정신이라고 한다.

시작도 없고 끝도 없다. 우리의 과거는 항상 현재 이 순간에 존재한다. 보기에는 두 사람이 똑같은 일을 하고 있다 하더라도 완전히 다른 영향을 미칠 수 있는 것처럼 말이다. 한 사람은 불을 지르고 다른 사람은 불을 끄게 되는 것이다. 과거에 경험한 일들은 우리를 돕거나, 보호하거나, 뒤따르거나, 해칠 수 있다. 그리고 모든 행위는 미래에 새로운 씨앗을 뿌린다. 우리가 한 모든 행위는 시간의 그물 속에서 원인과 결과로 연결되어 있다. 그러므로 하나의 행동을 독립된 것으로 보는 것은 별 의미가 없다. 작은 것에서 큰 것이 생겨나는 법이다. 서예의 대가는 글쓰기 연습을 할 때에도 진짜로 글씨를 쓰는 것과 똑같은 주의를 기울인다. 문방사우(文房四友) 정돈하기에서 붓을 펼치기, 먹물 갈기, 글씨 쓰기, 붓 씻기, 말린 한지를 펴기, 마지막 정돈. 그 어느 것 한 가지도 중요치 않은 것이 없다. 작은 일이 큰일을 만든다.

발전. 삶은 저마다의 특별한 시기가 있으며, 그 때마다 다른 능력을 개발할 수 있다. 우리가 의식하고 있으면 건강이나 나이 또는 경제 사정 등의 이유로 더 이상 이룰 수 없는 일에 집착하거나 원한을 품지 않고 이러한 것들과 이별할 수 있다. 상실한 것을 가지고 드라마를 쓸 필요는 없다. 삶은 행위의 게임 공간에서 벌어지는 끊임없는 승리와 패배의 연속이다. 모든 승리는 발전에 있어 장애가 될 수 있고, 모든 패배는 발전을 위한 기회일 수 있다. 잃어버린 것에는 항상 새로운 것이 생겨난다. 이런 관점에서 삶을 바라보면 패배의 시기에도 삶을 위한 새로운 가능성을 엿볼 수 있다.

리듬. 모든 행위는 그에 따른 합당한 기준, 고유의 시간 그리고 다른 모든 행위들과의 관계 속에서 자연스러운 자리를 가지고 있다. 우리 생각이 편협하면 스스로를 해친다. 어떤 행위에 있어 이에 걸맞지 않게 너무 많은 시간이나 너무 적은 시간과 에너지를 들이면, 삶의 다른 영역의 균형을 깨게 된다. '속도 늦추기'는 극단을 피하는 것이다. 자연과 도시, 직업과 가족, 정신과 육체. 삶 속에는 이렇게 많은 리듬이 조화를 이룰 수 있다.

우리의 동기 유발

일에 대한 만족과 동기 유발은 경영 연구 전문가인 벤델린 퀴퍼스(Wendelin Kupers)의 논문에 의해 독일어권에서 역사적인 절정에 달했다. 점차 많은 사람들이 동기 유발의 의미 문제를 제기한다(Wunderer, Kupers: 동기 유발 해체-재동기 유발. 어떻게 성취의 잠재력이 방해를 받으며 재활성되는가 Demotivation-Remotivation. "Wie Leistungspotenziale blockiert und reaktiviert werden", Luchterhand, Neuwied 2003). 그는 사람들이 왜 그 일을 하며, 날마다 무엇을 하는지 묻는다. "왜 내가 바로 이 회사에서 일을 하고 있는가? 어떻게 내가 이렇게 오래 일을 하는가? 왜 나는 더 이상 사생활이 없는가?"

동기 유발에 대한 질문은 가장 개인적인 것이다. 우리는 가장 깊은 동기 유발을 마음 속에 담아두고 있다. 그런데 우리는 대부분 표면적인 영향에만 목표를 두는 외부에서의 동기 유발을 하려는 것이 문제이다. 이 때 문제가 되는 것은 우리가 가진 가장 깊은 의지들을 스스로는 잘 알지 못하는 동시에 그 강력한 힘에 의해 몰린다는 것이다. 틱 낫 한 스님은 이에 대해 다음과 같이 썼다.

모든 사람들이 행복하기를 바라고, 그렇게 하면 우리를 행복하게 할 것이라 생각하는 곳으로 몰고 가는 강한 에너지가 마음 속에는 살아 있다. 그러나 바로 이것 또한 고통의 원인이 될 수 있다. 우리는 사회적 지위, 복수심, 안녕, 명성이나 소유가 매우 빈번하게 행복을 방해하는 요소가 될 수 있다는 관점을 가질 필요가 있다. 우리는 이러한 필요성에 의존하지 않고 살고자 하는 소망을 발전시켜야만 한다. 그럼으로써 우리는 현재와 밀접하게 하는 삶의 놀라운 기적을 누릴 수 있다. 그것은 푸른 하늘, 나무, 아이들이다.

『부처 가르침의 심장』 틱 낫 한 저 1999.

틱 낫 한 스님의 말은 매우 급진적이다. 우리가 마음 속 깊이 들여다보고 배우지 못하며, 깊은 동기 유발과 내적 추진력을 관찰하지 못하는 것처럼 지속적인 안정도 찾지 못한다는 것을 분명히 알려 주고 있다. 그러나 우리도 이를 배우면 이런 에너지들을 진정시키고 변화시킬 수 있다. 우리가 과거를 돌아보는 한 만족하지 못한 동경들이 쫓아오며 들볶는다.

우리가 내면에 있는 동기 유발을 인식하기 위해서는 안정과 집중이 필요하다. 우리가 빠른 속도로 달리고 있을 때는 겨우 충동하는 것들을 예감할 수 있다. 그래서 멈춰서야 하며 먼지가 가라앉을 때까지 기다려야 한다. 당신에게 아부하듯 약속을 하거나 비난하는 작은 목소리, 또는 참견들이 머릿속에 떠오르는 것을 주의깊게 살펴라. 그 모든 것을 인내심을 가지고 경청하고 당신의 충동들과 더 친해지도록 노력하라.

가장 깊은 동경들을 눈앞에 놓고 본다는 것은 가장 자유로운 일인 동시에 불편한 일이기도 하다. 이를 위한 새로운 형태가 비파사나 명상이나 통찰명상이다. 이 명상법을 통해 우리는 육체를 아주 정확하게 관찰하는 법을 배운다. 서양에서 내면을 주시하는 이 명상 형태는 특히 명상 스승 게온카(Geonka)에 의해 알려졌다. 이것은 참가자들이 열흘 간 수행을 하는데, 각각 하루에 8시간에서 10시간씩 가부좌를 틀고 명상으로 시간을 보낸다. 육체가 외적으로 편안한 상태에 있으면 내부의 충동하는 힘들이 내면의 눈앞에 떠오르기 시작한다. 이 명상법은 인도와 미국에서 수감자들에게도 소개되고 있는데, 이 방법을 원하는 수감자들은 자신의 내적 동기유발에 대해 더 깊이 이해하고 싶어하고 또 그렇게 해야 하는 사람들이다. 또한 이 방법은 많은 성과를 이루었는데, 이 명상을 한 수감자들이 재범을 저지르는 경우는 평균 이하로 떨어졌다.

우리의 심신이 안정에 이르면 삶에 몰아치는 욕망들과 마주하게 된다. 사회적 지위나 명성, 부의 축적에 대한 동경들, 권력에 대한 욕구, 감각적인 즐김이나 더 자극적인 섹스 등과 말이다. 그리고 동시에 소원을 이루면 항상 더 많은 소원과 더 많은 불만족과 부딪친다는 사실도 깨닫게 된다. 이런 일은 우리가 살면서 백 번도 더 경험한 일이다. 불교에서는 이것을 삼사라(Samsara, 윤회)라고 부르며, 채워지지 않은 삶의 바퀴로 탐욕에 의해 굴러가며 우리를 편안하게 두지 않는 상태를 말한다.

'속도 늦추기'는 이 바퀴의 반복적인 움직임에 부드럽게 제동을 걸려는 시도이다. 우리가 삶의 속도를 멈추면 마음 속에서 대안이 되는 동기 유발을 발견하게 된다. 이는 우리에게 상처 대신 평온과 안정을 선물할 수 있는 동기 유발이다. 가장 깊은 동기 유발은 사랑이다. 이것은 마음 속에 떠오르는 한때의 통속 멜로물이나 유행가에 나오는 낭만적인 사랑이 아니라 수행을 통해 깨닫고 실천되어야 하는 사랑이다. 이러한 사랑은 모든 사물과의 깊은 교감을 통해 생겨나며 너와 나 사이에 있는 모든 경계를 무너뜨린다.

전 시대의 성인들과 신비주의자들이 이와 같은 사랑에 대해 말했다. 그들은 이 사랑을 체험하기 위해 아주 먼 곳을 돌아다니면서 오랫동안 수련을 했다. 그리고 여러 가지 명상법을 통해서 이러한 사랑을 깨우치고 스스로 실천하는 동기 유발로 삼을 수 있도록 했다.

사랑을 연습한다는 것이 내게는 매우 놀라운 일이었다. 연민, 자애, 침착 그리고 타인을 기쁘게 하는 것에서 자신의 행복을 발견하는 마음의 수양법은 하룻밤에 만들어지는 것이 아니라, 관조나 낭송, 명상을 통해 만들어지는 것이다. 우리가 내적인 삶과 평화를 체결함으로써 이미 외적 평화에 기반을 준비하는 것이다. 정신 내, 외적으로 평화를 가져오면 지금도 여전히 마음 속에서 갈망하는 많은 욕구들을 해소한다. 동기 유발은 항상 삶을 발전시키는 방향으로 정해진다.

정지점

- ⑩ … 누군가가 당신에게 동기 유발을 일으키려 할 때
- ⑩ … 새로운 직위를 받아들이거나 새 프로젝트를 밀어붙일 때
- ⑩ … 저녁마다 거울을 보면서 하루를 되돌아볼 때

1_ 눈을 감고 당신의 마음에 집중하라. 천천히 숨을 들이쉬고 내쉬어라. 당신 스스로에게 기쁨과 건강, 평화를 기원하라. 지금껏 마음이 경험한 것은 무엇인가? 몇 분 동안 마음의 모든 영역에 주의를 기울여라. 이제 당신과 가장 가

까운 사람에게 기쁨과 건강과 평화를 보내라. 그들의 얼굴을 떠올려 보라. 이제 다시 몇 분 동안 마음에 모든 주의를 기울여라. 시간이 지나면 당신의 소망을 받아들인 사람들과 당신에게 평상심을 잃게 하거나 친해지기 어려운 사람들에게까지도 이르게 될 것이다.

2_ 며칠 간 침묵 속으로 들어가라. 많은 수도원들이 침묵과 고요를 위한 시간을 제공한다. 당신의 가장 깊은 동기 유발에 닿을 수 있도록 시간을 내라. 요즘 무엇이 당신에게 대부분의 동기 유발을 일으키고 있는가? 당신이 진정으로 추구하려는 것은 무엇인가? 어떤 꿈을 이루기 위해 '모든 것을 바치려고' 하는가? 그 꿈을 위해 당신은 무엇을 희생하려고 하는가?

| 우리의 템포 |

'속도 늦추기'는 느림을 원리로 삼는 것이 아니다. 느림 자체만으로는 가치를 지니지 않는다. 느림과 빠름은 형제나 자매와 같은 것으로서 서로 보완 관계에 있다. 우리가 느림을

이해하고 다룰 수 있을 때만 자기 자신을 잃지 않은 상태에서 빠르게 될 수 있다. 빠름을 다룰 줄 알아야만 우리는 경직되지 않고 완만해질 수 있다.

존재하는 모든 것은 절대적이고 상대적인 속도를 가진다. 절대적인 속도는 행위의 속력과 관계된다. 상대적인 속도는 환경과의 관계 속에서 이루어지는 행위의 속력이다. 절대적인 속도와 상대적인 속도는 둘 다 '속도 늦추기'에 있어 중요한 관련성이 있다.

우선 절대적인 속도를 보자. 모든 대상, 모든 과정, 각각의 사람, 각각의 기계, 각 움직임과 행위는 가능한 속력의 간격을 두고 움직인다. 모든 행동은 그에 맞는 고유의 시간을 가진다. 우리는 만년필로 글을 쓸 때 임의로 느리거나 빠르게 할 수 없다. 너무 느리게 쓰면 잉크의 얼룩이 번지고 너무 빨리 쓰면 그 글씨를 읽을 수 없다. 이에 따라 '속도 늦추기'는 우선 행동 자체가 갖는 관계에서 적합한 속도에 대해 항상 묻는다.

모든 것은 자연스러운 최고 속력과 최저 속력을 가진다. 맥박이든, 바람이든, 기계에 붙어 있는 망치이든, 식물의 성장이든 말이다. 그리고 이 모든 것은 특정한 속력의 간격 속에서만 나타날 수 있다. 결국 가속도와 감속도의 자연스러운 한계도 존재하는 것이다. 한계치 이상에서는 시스템이 해체되어 날아가 버리고, 한계치 이하에서는 정지하거나 가라앉아 버릴 수 있다.

성취의 결과로 조직된 사회에서 일어나는 행위의 속력은 항상 최고의 한계치를 넘어서도록 요구한다. 성취는 시간에 의해서 이루어지는 일이다. 더 높은 성취를 위해서는 더 많이 일을 하고 시간은 더 적게 들여야 한다. 성취 원리와 경쟁 원리는 가속화를 만들어 낸다. 그리고 언젠가는 절대적인 속도의 최고치에 가서 부딪힌다. 엔지니어는 기계의 최대 하중에 맞닥뜨린다. 운동선수는 육체의 성취 한계에 부딪힌다. 지속적으로 한계에 도달하거나 뛰어넘는 것은 자연스러운 일도 건강한 일도 아니다. 그럼에도 불구하고 이런 일이 계속 진행되면 수치를 완만하게 하거나, 절대적인 속도를 낮추는 일이 필수불가결하다.

그렇다면 지나치게 높아진 절대 속력을 늦추어서 우리가 얻게 되는 긍정적인 효과는 무엇인가?

✔ 결정적인 실수를 줄이게 한다.

✔ 실수의 영향력이 계산 가능해진다.

✔ 다른 과정과의 상호 영향력이 더 쉽게 인지된다.

✔ 적용된 자원이 부담을 더 적게 받으며 더 서서히 소모된다.

✔ 제동 거리가 짧아지고 반응 시간이 길어져서 방향 전환이 쉬워진다.

✔ 활발한 행동 시간이 길어진다.

"어떤 사람이 스키를 잘 탈 수 있는지 가장 간단하게 알아보는 방법은 그가 스키를 천천히 타고 있을 때입니다." 언젠가 내게 스키 강습 교사가 한 말이다. 아주 빨리 할 수 있는 사람은 느린 속도에서도 아주 잘하는 사람일 경우가 많다. 느림은 아주 정확함을 요구한다. 느림은 실수를 눈으로 확인할 수 있게 하며 인지 영역을 확장한다. 아시아의 전투 기술을 가르치는 많은 교관들은 이 의식적인 느림을 교습의 원리로 삼는다. 배우는 사람은 몇달 몇년 동안 아주 느린 속도로 기본 동작을 몸에 익힌다. 수련생이 느림을 몸에 익히고 나면 빠르게 반응하는 법을 아주 쉽게 배운다. 서양의 집단적 조급함과 얼마나 많은 차이가 있는가. 의식적으로 느리게 한다는 것은 '속도 늦추기'에 있어 최대의 보물이다.

내가 여는 세미나에는 자기 삶의 한계 속도에서 일하는 사람들이 자주 찾아온다. 그런 사람들을 위해 나는 완만한 삶의 원리를 체험하도록 한다. 본론에 들어가기 전에 참가자들에게 등을 똑바로 세우고 앉아 발바닥 전체를 바닥에 대고 숨과의 접촉을 받아들이라고 권한다. 그런 다음 종을 울린 뒤, 2~3분 동안 모두 함께 침묵 속에서 시간을 보낸다. 그런 다음 세미나를 시작한다.

종소리가 울리는 동안 나는 수강생들의 얼굴에서 놀라움과 당황한 표정을 자주 목격한다. 그러나 그들의 표정은 대부분 한층 부드러워지고 개방적으로 변한다. 세미나 기간 동안 신선한 마음으로 시작할 수 있도록 나는 항상 종을 사용하곤 한다. 그러면 언제나 느낀 '세미나 참가'의 지루함과 식상함은 깨지고 모두 맑은 정신으로 돌아온다.

절대적인 속도나 상대적인 속도나 우리에게 스트레스가 될 수도 있다. 우리가 절대적인 눈으로 볼 때는 느린 것도 주변과 비교해 상대적으로 아주 빠른 것이 될 수 있다. 그 반대의 경우도 마찬가지다. 동네축구경기에서 공은 월드컵 경기 때의 공에 비해 느리게 굴러간다. 작은 사무실에서 늘 바쁜 사람도 심한 경쟁 속에서 일하는 대기업의 넓은 사무실에서는 오히려 느린 사람으로 보일 수 있는 것이다.

상대적인 속도는 경쟁, 투쟁, 평가와 비교의 속도이다. 여기에는 승자와 패자가 있다. 우리 시대의 언어가 그렇다. 즉, '느린' 이라는 말이 금방 '너무 느린' 이라는 말이 된다. 수백만의 사람들이 날마다 직장 상사로부터 너무 느리다는 딱지가 붙여진다. 어느 순간부터인가, 느림은 그 가치가 평가절하되고 빠름은 이상적인 것이 되어 버렸다. 많은 사람들은 직장에서 해고되거나 명예퇴직을 당할지 몰라 불안 속에서 살아간다. 개는 가장 뒤처진 것을 물기 때문이다.

그러나 이런 시각은 불안을 만들어낸다. 우리 모두는 인간으로서 서로 다른 절대적 속도를 가지고 있다. 이것은 나이와 건강, 개인적인 기준과 여러 가지 다른 요소에 의해 좌우된다. 모든 속도의 이상화는 —느림이든 빠름이든 상관없이— 명령이며 불안을 동반한다. 느림을 이상화하는 것도 잘못된 길로 빠질 수 있지만 말이다.

'속도 늦추기' 는 느림이나 빠름의 정당한 가치를 인식하고 지지한다. 동네축구경기에서 공을 너무 느리게 찬다는 이유로 그 축구단을 해체해야만 하는가? 그리고 달팽이가 치타보다 느리다는 이유로 자연 속에서 달팽의 자리를 없애는 것이 맞는가? 달팽이는 정말 너무 느린 것일까?

우리는 끊임없이 앞만 보고 움직이면서 자신을 보호하고 집을 얻는 달팽이에게서 뭔가 배울 수 있다. 그리고 치타의 대담한 전력 질주에서도 뭔가를 배울 수 있다. 치타의 민첩함, 그 움직임의 아름다움 그리고 결정적인 움켜짐 등. 그러나 치타가 전력 질주로 힘을 소모한 뒤 오랫동안 휴식 기간을 가진다는 점을 우리는 배워야 한다. 모든 삶의 속도에는 저마다의 정당성이 있다.

삶이 느린 사람과 빠른 사람이 함께 하면서 우리는 평화롭게 살게 된다. 느린 사람에게 느리다고 비난하고 혹평하는 것은 빠른 사람에게서 그의 빠름을 없애 버리라는 것과 마찬가지로 현명한 일이 못 된다. 빠름도 느림을 제외하면 얻을 수 없다. 우리는 다음과 같은 점을 분명히 알고 있어야만 한다. 오늘의 역동적이고 진보적, 혁신적이라고 기뻐한 일이 내일이면 벌써 미숙하고 심사숙고함이 부족해 성급하고 숙성되지 못한 일로 평가받을 수 있다는 사실을 말이다.

정지점

🖐 … "어휴, 속터져. 사람이 어떻게 저렇게 느려!"라고 생각할 때

🐚 … 삶의 속도를 최고치로 올리라고 유혹할 때

🐚 … 속성 코스를 신청하기 전에

1_ 눈을 감고 삶의 가속도로 인해 어려움을 겪는 사람들을 떠올려 보라. 친구, 친척, 직장 동료와 유명 인사들을 생각해 보라. 마음 속으로 그들의 얼굴이 눈앞으로 스쳐지나가도록 떠올려 보라. 이 사람들은 지금 어떻게 살고 있는가? 그들은 속도를 위해 어떤 대가를 치렀는가?

2_ 사람들에게 방해받지 않는 당신만의 조용한 공간을 찾아라. 그리고 그 곳에 5미터 되는 선을 그어라. 이제 5분 동안에 5미터를 걷도록 하라. 한발자국 한발자국씩 집중하라. 각각의 걸음에 모든 주의를 기울여라. 이 연습을 두 번 반복하라. 성급해지는 상황이 되면 지금의 이 기분을 떠올리도록 하라.

| 우리 행동의 질 |

정치, 경제, 기술 분야에서 일의 질에 대해 많은 이야기를

한다. 질은 비용과 노동 시간, 생산량과의 관계를 통해 직무 수행이나 업무 과정, 생산의 여러 가지 특성을 평가한다. 질은 혼합 개념으로서 우리는 세계관, 전문성, 요구 사항과 목표 설정에 따라 정의한다. 질은 항상 특정한 목적을 가진다.

이 때 '속도 늦추기'가 삶에 중요하다고 여겨지면 우리는 행동에 대한 질을 예전과는 다른 요구 사항에 맞춘다. '속도 늦추기'는 본질적으로 어떤 행위가 외부에 미치는 영향보다는 내면에 미치는 영향에 더 많은 비중을 두어 판단한다. 따라서 삶에 평화, 평정심, 자유를 받아들이는 행위가 스트레스, 불안, 초조함에 어떤 영향을 미치는가를 평가하려는 것이다. 행위의 질을 판단하는 데 있어 다음의 질문에 대한 대답이 매우 쓸모가 많다.

주의깊음 또는 나는 어떤 정신 상태에서 행동하는가? 우리의 정신 상태는 각각의 상황을 포괄하는 구성 요소이다. 중국의 사찰에서는 가장 평화롭고 기쁨으로 충만하고 안정감이 있는 사람에게 음식을 만들도록 하는 것이 오랜 관행이다. 사랑과 사려깊은 마음으로 만들어진 식사는 깊은 영양을 섭취하게 할 수 있다. 우리는 그저 요리된 음식만을 먹는 게 아니라 요리사의 생각과 감정, 깊은 사랑을 함께 받아들이기 때문이다.

우리가 아픈 감정을 덜 느끼고 마음 속에 평화로움을 더 많이 품을수록 서로의 화해는 훨씬 더 성공적으로 이루어진다. 또한 화해의 적절한 의식은 상황에 대한 깊은 사고와 고유의 정신 상태에서 생겨난다.

감사함 또는 현재 내 행위가 가치 있다고 충분히 인정하는가? 우리는 여러 가지 부당한 것을 지극히 당연한 것으로 여긴다. 우리가 단순한 일을 그대로 인정하면 −친구와의 우연한 만남이나 어떤 능력과의 만남 같은 것− 감사하는 마음이 생겨난다. 감사하는 마음이 결여된 곳에는 의혹이 쉽게 스며들어온다. 인정한다는 것은 삶의 크고 작은 기적과 친하게 된다는 것을 뜻한다. 이 사소한 친근함이 우리 삶을 아름답게 꾸민다. 그런데 그것은 어떤 상태의 가치에 대해 깨닫게 해주는 상실을 통해 오는 경우가 많다. 예를 들어 가족과 생이별을 했던 2001년 9월 11일 오전의 희생(9 · 11테러)을 어떻게 의식적으로 떠올리고 싶어하겠는가? 내가 삶에서 긍정적인 가치들을 충분히 인정하지 않았던 날들은 어쩌면 내가 삶과의 이별을 느꼈던 시간들이다.

완벽 또는 내 행위는 여지를 남겼는가? '똑소리나는 행동'

이라는 좋은 표현이 있다. 완벽한 행동은 여지를 남기지 않는다. 물론 그것은 미래에도 영향을 주는 동시에 우리 내부와 주변에 완전한 종결을 의미한다. 그 일에 대해서는 더 이상 신경쓸 필요가 없어진다. 음식을 만들고 난 뒤에는 설거지하고 그릇을 도로 제자리에 놓는 것이다. 지저분한 그릇은 하루 종일 보이지 않는다. 누군가와 계약을 했다면, 계약서를 바로 보내거나 또는 즉시 계약자에게 계약이 체결되지 않았음을 알리고 끝낸다. 우리가 의식적으로 시작하고 끝을 낸 일은 내, 외적으로 종결될 수 있다. 그와는 반대로 행위에 여지가 남아 있게 되면 삶은 복잡해진다. 서랍 속은 절반쯤 하다만 일들이 모이기 시작하고, 종결되지 않은 일은 항상 다시 돌아와 숨을 앗아가고 에너지를 파괴한다.

이행 또는 두 행위 사이의 전이 과정을 어떻게 형성하는가? 두 행위 사이에는 잠깐의 내면화와 숨을 가다듬는 기회가 있다. '속도 늦추기'는 의식이 있는 전이 과정의 단계, 즉 한 행동이 끝을 맺으면 자연스럽게 휴식을 필요로 한다. 때로는 몇 초만으로도 충분하고, 어떤 때는 더 많은 시간이 필요하다. 우리가 친한 친구의 장례를 막 치르고 곧장 사무실로 돌아가는가? 친구와 이별을 한 후 정말로 곧장 철두철미하게 일상으로 돌아가는가? 의식을 가진 전이 과정 없이 우리는 행동을 제대로 개진하거나 정리를 할 수 없다. 전이 과정이 없는 그 다음 행위는 현재의 행위가 고통스럽기 때문에 도피하는 일인 경우를 흔히 본다. 의식을 가진 전이 과정 없이는 오해와 사고가 증가한다.

감소 또는 언제 충분한가? 적은 게 좋을 때가 많다. 많은 행위가 삶을 더 행복하게 한다고 할 수 없다. 오히려 그 반대다. '속도 늦추기'의 효과적인 한 방법은 행위들을 점차 줄여나가는 것이다. 더 적은 건수의 프로젝트, 더 적은 약속, 더 적은 일, 더 적은 소비. '속도 늦추기'는 능력의 한계치를 더 높은 곳까지 끌어올리지 않는다. '꼭 해야만 하는 일'이 적으면 삶은 그만큼 자유로워진다. 또한 여유 시간도 쉽게 만들 수 있다. 행위의 의식적인 감소는 다른 분야의 일에 좋은 결과를 가져올 수도 있다. 이렇기 때문에 우리는 스스로 어쩌면 돈을 더 적게 벌고, 권력을 덜 가지거나, 사회적인 인정을 덜 받을 수 있다. 그러나 이러한 것들을 포기한다는 것은 결코 쉬운 것만은 아니다. 그러나 '더 많이'를 향해 달려가는 의식이 우리를 잘못된 길로 이끌 수 있다. 중국 노자 사상에는 다음과 같은 문구가 있다. "네가 충분하다는 것을 알게 되면 너는 항상 충분하게 가지게 될 것이다." 우리는 이 문구를 오랫동안 마음 속에 기억해둘 필요가 있다. 이 말의 의미는 우리가 새로운 계획을 추진하기 전에 효과적인 조언을 주기 때문이다.

선호하는 순서 없애기 또는 나는 내가 좋아하는 행위와 싫어하는 행위의 차이를 얼마나 뚜렷하게 구분하고 있는가? 우리는 싫어하는 일은 피하고 좋아하는 일을 하기 위해 노력한다. "연극 관람, 외식하기와 여행은 좋아!" "화장실 청소, 세금 계산, 치과에 가기는 싫어!" 각자 사람들마다 선호하는 목록이 있다. 어떤 행위를 피하려 하거나 또는 다른 행위를 하려고 할수록 그만큼 우리는 가속화의 에너지를 생산한다. 이와 반대로 천천히 가장 싫어하는 일을 가까이 하게 되면 평온함을 얻게 된다. 나는 플럼빌리지에서 화장실 청소를 하면서 평소에 내가 했던 행복한 상상에 대해서 엄청나게 많은 것을 배웠다. 내가 구덩이 위에 설치한 프랑스식 간이화장실을 청소할 수 있었던 날들은 재미없어 보이는 여러 가지 일을 하면서도 무척 즐거웠던 시간이었다. 의미있는 행위란 단지 내가 좋아하는 일뿐만이 아니었다. 행위의 선호하는 순서를 정하는 것은 우리와 단순한 기쁨 사이를 가로막고 있다.

정지점

🙏 … 어떤 일이 당신 손에서 떠났을 때

🙏 … 당신이 각각의 행동에 대한 대가를 끌어내려 할 때

🙏 … 주말 계획을 짤 때

1_ 당신이 일주일 내내 하루에 30분 이상 하는 모든 행위를 적어라. 가능한 한 자세하게 분류하라. 업무, TV시청, 식사, 신문 읽기, 청소 등등. 한 걸음 더 나아가 좀더 범위가 넓은 시간대, 예를 들어 TV시청 같으면 '뉴스' '오락영화' '시리즈' 등으로 장르별로 세세하게 나누라. 그런 다음 만들어 놓은 목록을 정확히 보라. 이것이 바로 현재 당신의 삶이다. 위에 열거한 질문들과 관계할 때 하나하나의 행위들이 삶에 어떤 질을 가지고 있는가? 당신의 삶에서 비롯된 질낮은 행위들을 없앨 수 있는지 곰곰이 따져 보라.

2_ 모든 식사를 시작하기 전에 음식을 만든 사람과 음식에 대해 칭찬하라. 감사하는 마음을 표현할 수 있는 간단한 형식을 만들어서 식사 때마다 큰 소리든 작은 소리든 내서 말하라.

| 우리 습관의 힘 |

삶 속에서 반복하는 일은 늘 고정되고 경직된 경향을 가지고 있으며 점차 습관으로 진행되기 십상이다. 삶의 모든 것은 습관이 될 수 있다. 우리가 어떻게 자유로운 시간을 짜고, 어떻게 이를 닦고, 스포츠를 즐기는지 등의 모든 방법들이 말이다. 어떤 습관은 '속도 늦추기'를 뒷받침하기도 하고 다른 습관들은 발전을 가로막는다. 인간이란 존재는 파괴적인 습관을 버리고 좋은 습관을 만드는 자유를 가지고 있다. 습관은 개인적이면서 집단적인 본성이다. 중국에서 선을 수행한 어느 스님은 정신 강화에 대해 다음과 같이 말했다.

우리의 습관을 형성하고 있는 것은 단지 몇 년도 안 된 것인데, 우리는 그것을 가지고 자연적 본성과 혼동하는 경향으로 기운다. …너희들은 어떤 경우에도 제한된 사회 속에서 수십 년간 형성된 습관들에 사로잡혀 그것을 무한한 시간으로부터 온 당연한 삶이라고 착각해서는 안 된다.

－『정신에 있어 믿음에 대해 새긴 글』에서 발췌.

습관은 여러 사람과 나눌수록 그만큼 더 자연스럽게 나타나며 그럴수록 습관은 더 명료하게 삶의 일부가 될 수 있다. 그리고 우리가 '보통'을 더 이상 보통으로 받아들이지 않을 때 마음의 평화는 시작된다.

습관은 어느 것도 고정된 것이 없다. 그것은 강력한 에너지의 표본이다. 습관은 행위를 유발한다. 습관은 마치 바싹 마른 강바닥에 신선한 물이 흐르면서 구름 자욱한 길을 뚫고 대지를 지나면서 길을 만들어내는 것과 같다. 또한 강한 습관들은 우리 몸을 뒤덮고 있는 구름을 걷어낼 수도 있다. 습관은 하지 않으려는 일을 하도록 강요할 수 있다. 습관과 중독은 서로 긴밀하게 연결되어 있으며, 중독은 극단적 힘이자 파괴력을 가진 습관의 한 형태이다.

습관의 이러한 역동적인 면에 시선을 집중하면 우리는 습관에 대해서보다는 습관이 가지는 에너지에 대해서 더 잘 말할 수 있게 된다. 이 순간에도 여러 가지 습관의 에너지들이 당신의 육체와 정신 속에서 발현되기를 기다리고 있다. 어쩌면 당신 손은 뭔가를 만지작거리고 있을지도 모르고, 아무 때고 긁적거리고 있거나, 누군가 방 안으로 들어오면 무의식중에 주위를 둘러볼지도 모른다. 우리가 가진 많은 습관들은 결코 해롭지 않은 다소의 기벽들로서, 다른 사람들이 우리를 사랑하게끔 하는 것이다.

그러나 이 작은 기벽들이 삶 속에 확고하게 자리를 잡으면서 고집스러움으로 변하게 되고, 어떤 에너지를 받아들이거나 무엇을 해야 할 것인가에 대해 미리 맛보기를 제공하여 우리가 가진 주요 습관들을 변질시킨다. 이는 우리를 중독에 빠지도록 하기도 한다.

우리는 부정적인 수면 습관과 식습관이 육체와 정신을 필요 이상으로 긴장시킨다는 것을 잘 알고 있다. 습관의 힘은 아주 크며, 습관의 힘에 대한 지식만으로는 이를 해결하는 데별로 쓸모가 없다. 다음에 제시되는 기준으로 당신은 생활 속에 있는 부정적인 습관의 힘을 약화시키고, 그 힘을 긍정적인 습관으로 바꿀 수 있다.

당신의 기억을 보호하라. 습관의 친구는 건망증이다. 기억이 느슨해지면 습관은 새롭게 나타난다. 우리가 허약해지는 시기에 낡은 습관이 덮쳐 세력을 뻗치는 현상은 별로 놀랄 일도 아니다. 그것이 보통이다. 습관은 오늘 내일에 사라지는 것이 아니며, 기억 또한 보호할 수 있다. 만약 당신이 소비 습관을 변화시키고 싶으면 긍정적인 소비 습관을 위한 표어를 쓴 쪽지를 지갑에 붙여놓아라. 시간의 압박에 끊임없이 짓눌려 있다면 손목시계 위에 스마일 표시를 붙여놓을 수도 있다. 이런 특별한 관심은 자기 기억과 많은 관계가 있다. 결심한 바를 자꾸 기억할수록 그만큼 습관의 힘은 약해진다.

당신의 습관에 웃음을 보내라. 당신이 가진 나쁜 습관을 적으로 생각하지 말라. 그것을 없애기 위해 싸우거나 힘겹게 애쓰지 말라. 마음 속의 모든 갈등은 불필요한 불안으로 바뀐다. 당신의 습관을 부드럽게 다루어라. 그 습관들에 이름을 붙여 주고 화해의 웃음을 띄워 주어라. 그 습관들은 당신의 오랜 친구이다. 그 습관들은 오랫동안 당신과 함께 했다. 습관들을 자유롭게 죽게 하라.

습관에 영양 공급을 차단하라. 모든 습관은 모습이 드러나기 위해서는 일정한 조건을 필요로 한다. 커피를 만들기 위해서도 커피메이커가 있어야 한다. 전화기나 핸드폰을 켜놓기만 해도 대화에 끼어드는 유혹에 쉽게 빠질 수 있다. 커피메이커를 팔아 버리고, 전화기를 영원히 꺼 버리면, 다시 말해 방해받고 싶지 않으면 습관에 영양 공급을 중단하면 된다. 우리는 가속화의 충동이 세력을 넓히기 점점 어려운 환경을 만들 수 있다.

습관이 당신을 엄습할 때 특별한 관심과 태도를 유지하라.

내가 경험을 통해 알게 된 것은 우리가 항상 옛 습관들에 다시 사로잡힌다는 것이다. 그러한 현상을 습관에 굴복하는 것이라 생각하지 말고, 습관의 핵심을 더 잘 이해할 수 있는 기회로 삼아라. 행동이 일어나는 동안 가능한 한 주의를 기울여라. 당신이 커피를 더 이상 마시지 않겠다고 해놓고 독한 에스프레소 커피를 다섯 잔이나 마셨다면 몸을 관찰해 보라. 맥박이 어떻게 달라졌는가? 이러한 일시적 도취가 당신에게 주는 것은 무엇인가? 내 친구 가운데 한 사람은 다음과 같이 말했다.

나는 수년 동안 담배와의 싸움을 했다네. 그러나 나는 항상 이 작은 전투에서 번번이 지고 말았어. 그래서 난 관심을 조금 바꾸었다네. 내 파이프에 연기가 오르고 있을 때 가능한 한 최대로 주의를 집중하기로 말일세. 숨을 쉴 때마다 내 폐 속 깊이 따라가는 거지. 어느 날 기이한 일이 벌어졌다네. 내 몸이 스스로 담배를 끊어 버린 거야. 그렇게 내 담배 인생은 막을 내렸네. 치열한 전투를 벌이지 않고 말이야.

동지를 찾으라. 모든 변화의 과정에는 정신을 집중해야 하는 시기가 있다. 이럴 때 누군가와 함께 연습을 하면 더 재미가 생겨난다. 늘 연습 상태를 유지하고 목표도 또렷이 기억하게 된다. 서로 정보를 교환하면서 나 혼자만 문제가 있는 것이 아니라는 것을 알게 된다. 연습에 가족이나 동료를 끌어들여도 되고 자기 개발 모임에 들어가도 된다.

너무 많은 것을 한꺼번에 결심하지 말라. 한꺼번에 모든 것을 다 바꾸겠다는 시도를 해 정력을 소모하지 말라. 한 가지 습관에 3주 정도의 충분한 시간을 들이라. 이 기간은 새로운 견본을 뼈와 살에 새기기 위해 필요한 시간이다. 그리고 멋지게 연습하라. 예를 들어 앞으로 나타날 영향들을 스스로 그려 봄으로써 새로운 습관의 긍정적인 효과를 경험할 수 있다. 낡은 습관을 떨쳐 버리려 공연히 힘을 빼지 말고, 그 대신 새로운 습관을 향해 다가가라. 차례차례 다른 주제에 착수하라.

정지점

🖐 ⋯ 자기 스스로 둔하다고 욕을 할 때

🖐 ⋯ 오래된 습관에 굴복할 때

🖐 ⋯ 좋아하는 음식점을 지나갈 때

1_ 오랫동안 변화를 시도했지만 성과가 없는 나쁜 습관을 '속

도 늦추기'와 관계지어 생각하라. 지속적인 변화를 위한 효과적인 조건으로서 위에 언급된 기준 중에서 당신이 어떤 것을 취할 수 있는지 스스로에게 물어보라. 구체적인 사항에서 시작해 최소한 3주간은 붙들고 늘어져라.

2_ 당신이 가장 화가 나는 습관 다섯 가지를 생각하고 가벼운 이름을 붙여라. 그것을 그림으로 그려 보라. 그리고 집의 가장 중심이 되는 곳이나 화장실 앞에 붙여두고 며칠 동안 웃음을 보내라.

| 우리의 여가 |

목표, 계획, 일정과 약속들이 삶의 구조를 이루고 있다. 우리의 삶은 날마다 계획을 짜는 데 익숙해져 있다. 행위의 수준이 높을수록, 다른 사람과 동조를 해야 할수록 세밀한 일정표가 없으면 안 될 것처럼 보인다. 부모, 매니저, 학생들이 같은 시간 계획표를 사용하며 시간 관리 세미나에 참석한다. 시간을 목표에 짜맞추는 것이 정상적인 일이 되어 버렸다. 하루에 조금이라도 틈새가 보이면 직장에서는 우리가 '덤으로 얻은 시간'을 바칠 수 있도록 아직 끝나지 않은 업무나 새로운 프로젝트를 곧장 제시한다.

이제 위험 수위를 넘어선 시간 이용 체계에 대한 삶의 평형추가 필요하다. 이 평형추는 여가의 원리다. 여가 시간은 의식적으로 아무 것도 행동하지 않는 시간이다. 이 시간은 목표를 위한, 부담 없이 삶을 펼칠 수 있는 자유로운 시간이다. 여가란 고정된 행위, 일정, 결과물이 없는 삶이다. 여가는 우리가 시간을 잊어버리는(잊어버릴 수 있는) 때다. 이것은 자연적인 발전을 위한 공간이다. 여가 없이 이 프로젝트에서 저 프로젝트로 뛰어다니다 보면 완전히 탈진해 버릴 위험에 빠진다.

내 명상 스승인 틱 낫 한 스님은 사회에 널리 퍼진 여가의 결핍에 대해 다음과 같이 언급했다. "여기 서양에서는 항상 이런 말을 합니다. 그저 가만히 앉아 있지 말고 뭐라도 하라고 말이죠. 나는 당신네들이 정반대의 말을 들어야 한다고 생각합니다. 그냥 아무 일도 하지 말고 제발 좀 쉬라고 말이죠." 그러나 우리는 아무 일도 하지 않으면 좋지 않은 평가를 받을 거라는 무거운 생각을 한다.

아무 것도 하지 않는 것이 게으름이나 태만과 똑같은 것일까? 그렇지 않다. 진정한 여가 시간을 생동감 있는 삶으로 연결시킬 수만 있으면 말이다. 나는 이런 일이 어떻게 가능한지 플럼빌리지 명상 센터에 있는 이른바 '여가의 날'을 예로 들어 설명하고자 한다.

물론 그 곳에도 하루의 일정표가 있으며 식사시간, 걷기명상시간, 가부좌명상시간, 다르마선문답시간, 일을 통한 명상과 공부시간이 정해져 있다. 이러한 것은 하루의 시간표에 따라 이루어지며 주의집중과 실천에 몰입하는 것을 돕고 있다. 그러나 월요일만은 여가의 날로 정해져 있다. 이 날은 식사시간과 저녁일과 밖에 일정이 없다. 그 외에 어떤 프로그램이나 일정도 없다. 이것이 바로 우리의 습관을 깨뜨린다. 다음에 나오는 짧은 글이 이 여가의 날의 기능을 보여 준다.

여가의 날은 짜여진 일정표가 전혀 없이 각자 자유롭게 지낼 수 있는 날이다. 이 날은 시간에 구애됨이 없이 자연스럽게 지내도록 한다. 이 날은 각자 하고자 하는 일을 마음껏 할 수 있는 날이기도 하다. 혼자 있거나, 다른 친구들과 걷기명상을 하거나, 숲 속에서 가부좌명상을 할 수도 있다. 가벼운 책을 읽을 수도 있고, 친구나 가족에게 편지를 쓸 수도 있다. 더 깊은 수행 속에 들거나, 다른 사람과 이야기를 나누면서 친교를 맺는 날이 될 수도 있다. 또한 이 날 우리는 삶의 균형을 다시 잡는 가능성을 찾기도 하고, 이로 인해 각자 스스로에게 회복이 필요하다는 것을 깨닫게 하기도 한다. 여가의 날은 우리와 공동체 모두에게 커다란 선물이다. 우리는 이 날 기쁜 마음으로 자유로운 시간과 공간 속으로 침잠할 수 있다. 우리 모두에게 매우 고요하고 평화로운 날이기 때문이다.

그러나 여가의 날은 수행에 참여한 사람들에게 일주일 가운데 가장 어려운 날이기도 하다. 사람들에게 갑자기 하루의 일정표나 일상의 설계와 할 일을 없애 버려 혼란에 빠뜨리기 때문이다. 많은 사람들에게 이런 일은 수년 만에 처음 맞는 일이기 때문이다. 보통 많은 사람들이 첫 번째 여가의 날에는 습관에 의해(공허에 대한 공포로 인해) 여러 가지 행동 계획을 가득 짠다. 아주 오랫동안 돌아다니거나, 한꺼번에 열 통의 편지를 쓰거나, 열 개의 약속을 잡는다. 많은 사람들이 낯선 하루의 시간을 그것으로 메우려고 한다. 그래서 여가의 날은 우리들에게 불안과 휴식 없는 부단함, 지나친 행동을 비춰주는 거울이기도 하다.

시간이 지나면서 사람들은 중압감을 떨쳐내고 조금씩 여가의 날을 누리는 법을 배운다. 하루를 조화롭게 지내도록 그냥 놔둘 수 있는 능력을 얻으면 삶에 대한 신선한 눈을 얻는다. 날마다 계획을 짜고 계획한 일을 '달성' 하려 하지 않아도 자연스런 시간의 흐름 속에서 생각지도 못한 일, 창조적인 일, 가치 있는 일이 힘들이지 않고도 자주 생겨난다. 우리가 기대감으로부터 자유로워지면 삶은 주위의 모든 것과 동화되어 즐거움에 춤을 추듯 저절로 발전한다.

내가 플럼빌리지의 여가의 날에 배운 것은 삶을 계획으로 꽉 채우지 말고 충분한 공간을 둠으로써 스스로 펼쳐질 수 있도록 하는 것이다. 그것은 지금 이 순간을 누군가와 함께 시간을 나눌 수 있는 것이기도 하다. 그것은 옛 친구에게 전화를 하는 일이 될 수도 있고, 오래 전에 잊혀진 책을 다시 손에 잡거나, 새들의 움직임을 조용히 관찰하는 일이 될 수도 있다. 이러한 일들은 계획하지 않은 것이지만 쉽게 잊혀지지도 않는 것들이다.

그러나 오래 전에 계획해서 예약해 둔 스쿼시나 테니스 시합, 그 외 매일 할 일 없이 노는 사람들에게는 남아도는 시간을 위해 이리저리 계획을 짜야 하는 하루가 마치 낯선 이물질처럼 불편하게 작용을 하기도 한다. 계획은 우리의 삶을 계산할 수 있게 하지만, 그것은 자연스러운 시간의 흐름 속에서도 취할 수 있는 것이다. 규칙적인 여가의 시간은 '속도 늦추기'를 위한 훌륭한 항구이다.

여가의 날은 혼자 모임에 나가 즐길 수 있다. 우리는 일요일을 다시 찾을 수 있다. 여가의 날을 삶의 항구로 만드는 공동체에서 사는 일이란 정말 대단한 선물이다. 그것은 가족공동체가 될 수도 있고, 직장에서 만든 전문적인 모임이 될 수도 있고, 함께 살면서 자신들의 능력과 경험을 공유하기 위한 단체일 수도 있다. 여가의 날을 중요한 시간으로 여기는 법을 배우면 우리는 의식적인 무위(無爲:불교에서, 여러 가지 원인·인연에 의해 생성되는 것이 아닌 존재)의 원리를 점점 더 심도 있게 일상 생활에 포함시킬 수 있다. 이를 위한 방법은 여러 가지가 있다.

당신은 일터나 가정에서 하루 중에 작은 휴식 시간을 만들어낼 수 있다. 때로는 일을 잠깐 멈추고 몇 분 동안 숨을 고르는 것으로 충분할 때도 있다. 이 짧은 휴식은 삶에 신선함과 기쁨을 가져다 주며 마음 깊은 곳에 평화로움을 선사한다.

또한 여가에 대한 우리의 태도는 질병을 통해 시험해 볼 수 있다. 질병은 우리 몸을 강제로 쉬게 하는 여가다. 질병은 쉴 새 없이 움직이는 우리 몸에 대한 대답으로 스스로의 삶을 적절하게 유지하지 못하는 무능력에 대한 답인 경우가 많다. 우리는 가끔 병원에 입원하고도 업무 서류를 보내라고 한 심장병 환자의 이야기를 듣기도 한다.

그리고 휴가를 생각해 보자. 휴가의 핵심은 자연스런 여가를 위해 계획이 짜여지지 않은 시간을 말한다. 그러나 현실에서의 휴가는 직장에 출근해 업무를 볼 때보다 더 바쁠 때가 많다.

우리는 휴가를 평소 해결하지 못한 개인적인 일이나 오래전에 미루어 두었던 만남의 시간에 허비한다. 그러나 바로 이런 날 '속도 늦추기'는 꼭 필요하다. 거창한 계획을 세운 여행을 하거나, 여행 안내자처럼 여기저기 몰려다니는 일은 한쪽으로 치워 버려라. 그리고 자유롭게 휴가를 즐기면서 얼마나 많은 시간이 당신에게 필요했는지 곰곰이 생각해 보라. 그리고 당신에게 주어진 삶의 속도를 믿으라.

하루하루의 삶은 우리에게 여가를 만들어 낼 수 있는 짧은 시간을 제공한다. 빨간 신호등, 상대방의 약속 연기나 비행기의 연착, 치과에서 기다리는 시간이나, 계획의 취소 등을 우리는 시간의 선물로 볼 수 있다. 그러한 순간들은 여가 시간을 연습할 수 있는 훌륭한 기회이다.

이러한 여가 시간은 새로운 창조를 위한 시간이 될 수 있다. 이러한 자투리 시간조차 생각들이 자유롭게 펼쳐질 수 있는 공간을 만든다. 이런 시간에 일을 하거나, 무언가에 더 집중하려는 생각이 떠오르더라도 곧바로 행동으로 옮기지 말라. 이 말은 당신의 여가를 생활의 도구로 생각하지 말라는 뜻이다. 여가 시간을 만들어 낸다는 것은 삶의 계획과 업무의 진행을 한 걸음씩 차근차근 옮긴다는 의미다. 높은 차원의 '속도 늦추기'는 우리 스스로가 만들어낸 업무와 행위, 프로젝트의 홍수 속에서도 평화롭게 앉아서 머물 수 있을 때 가능하다. 그럼으로써 우리는 늘 하는 업무조차 항상 신선하게 받아들일 수 있는 명료함을 얻게 된다.

정지점

🌿 … 휴가 계획을 세울 때

🌿 … 일정이 취소될 때

🌿 … 일요일마다

1_ 여가의 날을 정하라. 혼자서든, 친구나 가족과 함께든 상

관없다. 하루를 위한 최소한의 계획만 짜라. 전화기를 끄고 끝내지 못한 모든 프로젝트도 모두 한쪽으로 치워 버려라. 짜여지지 않은 시간 속으로 깊이 몰입하라. 저녁에는 가족들과 함께 경험한 것들을 서로 나누거나 당신의 경험을 적어라.

2_ 시간 계획표 속에 '당신을 위한 시간'을 넣어라. 한 주 동안의 업무와 가정에서 당신만의 시간을 만들어라. 그리고 이 시간만은 개인적인 계획을 채워 넣어서는 안 된다는 것을 명심하라.

네 환경의
속도를 늦춰라

앞장에서 우리는 육체와 정신의 행위 속에서 불안과 스트레스, 긴장을 유발하는 원인을 찾아보았다. 이제 시선을 밖으로 돌려 주위 환경이 '속도 늦추기'에 어떤 영향을 미치는지 살펴보도록 하자. 여기에는 어떤 요소들이 관계하고 있을까?

- ✔ 우리가 머물고 있는 장소
- ✔ 관계를 맺고 있는 사람들
- ✔ 고용주와 전문성의 속도와 가치
- ✔ 부모의 기대와 소원, 희망
- ✔ 우리가 태어난 사회의 대표적인 이념과 가치
- ✔ 스승, 예술가, 영적 지도자, 선조들에게서 나타나는 모범상
- ✔ 주위에 있는 경치, 카페, 영화관, 술집
- ✔ 아내, 아이들, 이웃
- ✔ 자연과의 연결성

우리의 주위 환경은 넓거나 좁고, 시끄럽거나 조용하고, 빠르거나 느릴 것이다. 환경은 어떤 경우든 일반적으로 의식하고 있는 것보다 사람들에게 훨씬 더 많이 각인되어 있다. 주위 환경에 대한 깊은 이해와 적절한 변화 없이는 '속도 늦

추기'의 방향으로 가는 모든 움직임은 불완전하다.

가속화는 개인적인 것이 아니라 사회적인 주제이다. 우리는 모두 다음과 같은 사항에 관계되어 있다. 즉, 수많은 작은 충동들이 거대한 움직임을 형성한다. 거대한 움직임은 다시 수많은 작은 충동들을 만들어 낸다. 그러므로 환경의 영향을 낮게 평가해서는 안 된다. 우리는 원하는 만큼 자율적이고 독립적이지 못한 존재다.

내 친한 친구가 기억나는데, 그는 학업을 마치자마자 함부르크에서 뉴욕으로 건너갔다. 일년 반이 지난 뒤 미국에 머물고 있던 그 친구가 불러서 갔더니, 그는 예전보다 두 배나 빠른 속도로 말을 하는 것이었다. 나는 그의 말을 쫓아가기에 바빴다. 뉴욕이 그를 재촉하고 가속화시켰던 것이다. 우리는 주위 환경에 아주 쉽게 반응하는 개방된 존재다.

환경을 '속도 늦추기' 과정 속에 포함시키면 상반되는 것처럼 보이는 두 가지 길에 접어들 수 있다.

우리는 환경을 변화시킨다. 그와 더불어 우리도 어느 정도 변화된다. 우리는 환경의 본질로 뚫고 들어가 의식적으로 변화를 이끌어 낼 수 있다. 도시에서 시골로 이사를 갈 수도 있고, 심한 스트레스를 받는 직업을 그만두고, 부담이 덜한 지사나 회사를 찾을 수도 있다. 또한 자연 속에서 더 많은 시간을 보낼 수 있다.

어떤 변화는 짧은 시간에는 불가능하지만 그 어떤 것도 오랜 시간을 들이면 모든 환경 속에서 새로운 방향을 설정할 수 있다. 크고 작은 모든 변화는 육체와 정신에 영향을 미친다. 가속화된 장소, 행위, 사람들의 그룹을 떠나기만 해도 내적 긴장을 해소하기에 충분할 때가 많다.

예부터 '수도승'들은 이 길을 걸어간 대표적인 사람들이다. 그들은 옛 삶을 뒤로 하고 사회와 연결된 다리를 끊어 버린 채 뭔가 새로운 것을 건설한다. 그 곳은 보통 다른 나라이거나 사회의 어두운 곳인 경우가 많다. 그러나 급진적인 이탈은 위험을 부른다. 사회나 사람으로부터 더 이상 방해를 받지 않는 환경을 만들려다 '은둔자'가 될 수도 있기 때문이다. 또한 그런 완충 장치는 내적 불안을 지속적으로 없앨 수는 없다. 이러한 환경의 변화는 내적인 변화 없이는 계속 이어갈 수 없다.

보호막을 쳐놓은 작은 세계는 끊임없이 위험을 몰고 온다.

언젠가는 외부로부터 오는 방해로 인해 우리가 완전히 흔들리게 되기 때문이다. 돈은 다 떨어지고 병에 걸린 채 동반자는 죽고 집은 다 빼앗긴다. 우리는 환경을 바꿀 수 있고 더 좋은 조건을 만들 수 있지만, 그렇다고 주위를 계속 폐쇄하거나 우리를 건드리지 못하도록 만들어서는 안 된다. 진정한 악마는 내부에 잠복하고 있기 때문이다. 어떤 사람은 꿈에 그리던 보금자리에서 떠나 평화로운 곳에서 생활하는 것만으로도 곧 우울증에 빠진다. 그러므로 외적 환경은 내적인 변화와 균형을 이루어야 한다.

우리는 자신을 변화시킨다. 그와 더불어 환경도 어느 정도 변화시킨다. 우리가 내면을 '속도 늦추기'의 방향으로 변화시키면 삶은 안정감이 생기고 주위 환경도 변한다. 우리가 관계하는 단위가 작을수록 그만큼 더 이 현상을 명백하게 관찰할 수 있다. 그러면 가족 사이에 빚어진 오래된 갈등조차도 더 악화시키지 않고 가족 분위기도 바꿀 수 있다. '속도 늦추기'의 에너지가 강할수록 우리의 주위 환경에 미치는 영향도 점점 더 커진다. 그러나 꼭 주의해야 할 것은 깊은 '속도 늦추기'를 이끌어내기 위해서는 시간이 필요하다는 것이다. 그리고 자신의 환경 변화에 기적이 일어나길 바라지 말라.

나도 가속화된 내 삶의 주위 환경에 미치는 내 영향력을 여러 번 무리하게 요구하고 과대평가했었다. 내 환경은 내가 만들어 낼 수 있는 것보다 훨씬 더 강했고, 그것은 내 삶을 휩쓸었다. '속도 늦추기'는 시간이 필요하다. 그것은 일생을 통한 연마 과정이며 한걸음 한걸음씩 인내와 겸손을 배우는 것이다. 중요한 것은 내, 외적 환경 변화의 가능성과 한계를 항상 관심을 가지고 바라보는 것이다. 그렇게 하면 극단적인 상황을 피해갈 수 있다.

| 우리의 주위 환경을 위한 다섯 가지 열쇠 |

현재성. 환경은 모든 관계의 총합으로 이루어진다. 각각의 관계들은 살아 있거나 혹은 죽은 것일 수도 있다. 주위 환경을 의식하면 의식할수록 삶은 더 생기를 되찾는다. 많은 가정에는 일상에서 관심을 끌지 못하고 인정받지 못하는 물건들로 가득 찬 곳이 있다. 그런 장소에는 기이하게도 무력감이 떠돈다. 이러한 일은 친구와의 관계에서도 마찬가지다. 현재 자신과 친구에게 어떤 일이 일어나고 있는지 관심을 갖지 않으면 서로의 관계는 생동감을 잃게 된다. 지금 우리 주변에 일어나고 있는 숨가쁜 생활 대신 지나간 옛 이야기나 나누게 되면 말이다.

변화무쌍함. '속도 늦추기'의 근본적인 문제는 우리가 안전하다고 느낄 수 있는 편안하고 예상 가능한 환경을 꿈꾸는 데 있다. 가능하면 우리는 불편한 주변 조건들을 몰아내고 편안한 조건들을 영원히 자리잡게 하는 데 있다. 그러나 삶은 변화무쌍하다. 어느 날, 아내는 한 남자에 대해서 이야기해 주었다. 그는 캐나다에서 가장 아름다운 경치가 눈앞에 펼쳐진 계곡에 꿈에 그리던 집을 지었다. 그런데 얼마 뒤, 다른 사람이 와서 이 아름다운 경치를 가로막는 곳에 집을 지었다는 것이다. 이로 인해 그는 몇 년 동안 마음에 분노가 생겨났고, 그의 주변에 있는 다른 모든 사람들과의 관계에까지 화가 미쳤다는 것이다.

우리가 현재 상태에만 붙잡혀 있지 않고 변화를 눈앞에 두고 유지하면 소유한 모든 것은 짐이 되지 않고 자유로워질 수 있다. 사물이 변하는 속성을 올바르게 인식하면 우리는 주변 사물에 대한 평가도 더 잘하게 된다.

시작도 없고 끝도 없다. 우리가 삶을 통해서 새롭게 나타내고자 하는 것들은 우리가 허용한 환경의 진행이다. 이것은 우리가 태어나기 오래 전부터 얘기되어 오던 이야기들이며, 수년 동안 우리에게 영향을 준 모든 것 또한 사라지지 않고 계속 따라다닌다. 우리가 쓰는 말은 주위 환경에서 사용되던 언어이며, 우리의 몸은 부모 육체의 연장이다. 우리가 오늘날 느끼는 불안은 부모의 불안이기도 하고 이 불안은 우리의 삶을 갉아먹다가 우리의 아이들에게 계속 전해지게 된다. 우리의 삶은 물려받은 유산이다. 그러나 우리는 물려받은 것을 계속 이어갈 것인지와 어떤 환경에서 자신을 개방할 것인지 선택할 수 있다. 우리는 모범적인 삶을 선택할 수 있으며, 이 모범적인 모습 또한 우리를 통해 다시 살아날 수 있다.

발전. 우리의 발전은 적절한 주위의 조건들을 필요로 한다. 우리는 진정으로 우리를 자라게 하는 장소와 단체, 스승과 삶의 동반자가 필요하다. 그런 환경 조건을 찾을 수 없으면 삶은 원을 그리며 맴돌기 시작한다. 우리가 새롭게 변화시킬 때까지 많은 사람들이 발전을 촉구하며 뭔가를 제공한다. 그러나 이것들로만 우리를 발전시킬 수는 없다. 그런 것들은 발전에 대한 책임을 줄여 주지 못하기 때문이다. 심리요법 전문가나 조언자, 자기발전 전문가들은 발전에 대한 그들의 고유한 생각을 가지고 있다. 그러나 이러한 조언 가운데 어떤 것은 곧장 우리를 새로운 가속화의 환경으로 이끈다. 당신이 자기 개발을 위한 조언자를 선택할 때에는 항상 조심하라. 당신의 과제는 올바른 발전을 위해 거름을 발견하는 일이기 때문이다.

　　리듬. 당신의 주변 환경에서 박자를 알아내는 것이 중요하다. 누가 그 박자를 두드리는가? 당신의 아이들인가? 당신이 진행하고 있는 프로젝트 상태인가? 계절? 휴가? 기계? 건강 상태? 판단과 요구? 개인적인 자금 사정? 스트레스와 성급함이 삶을 점령하고 있다면 당신의 삶의 리듬을 정하는 요인이 무엇인지 정확히 알아야 한다. 우리의 생활은 항상 리듬을 타야 하기 때문이다. 어부가 바닷물의 흐름을 중요하게 여기는 것처럼 부모는 아이들의 방학과 연결되어 있어야 한다. 그러나 어떤 리듬은 인위적이거나 자연스럽지 못해 우리 자신을 해치기도 한다. 이러한 리듬은 어쩌면 벌써 우리가 모르는 사이에 삶 속에 살며시 스며들어와 앉아 있는지도 모른다. 이런 리듬은 올바른 눈으로 살펴보고 바꾸어야만 한다.

최근 수년 동안 거의 모든 직장에서는 업무 부담이 끊임없이 늘어나고 있다. 대기업은 업무 과정을 대대적으로 재조직하면서 인원 감축과 능률 향상을 위한 가속화에 전력을 다하고 있다. 국가 또한 가속화에 동참하여 국민들을 경쟁에 끌어들여 점차 개인의 삶을 해체하고 있다. 그리고 이미 많은 일을 해 온 사람들과 실적을 더욱 높이려는 사람들은 일주일에 60~80시간 일을 하는 데 익숙해져 있다.

이런 발전을 위한 가속화의 독촉자로는 국제금융시장과 투자가의 연 수익률 기대치도 한몫하고 있다. 기업 고문들과 투자은행은 기업이 점점 더 빨리, 더 많은 이익과 효율을 내도록 새로운 방법을 항상 만들어 내고 있다. 이로 인해 이제는 기업이나 사회의 엘리트들조차도 실직의 불안 속에서 살아간다. 나는 다음에 나오는 이야기를 한 기업 상담 전문가와의 상담 과정에서 듣게 되었다. 그는 금융 분야에서 가속화와 효율성을 높이는 능력을 사회적으로 인정받고 있는 사람이었다.

상담 전문가를 위한 수련회가 있었다. 우리는 아주 짧은 시간 동안 즉석에서 스케치하라는 과제를 받았다. 그것은 우리가 상담자로서 처음 5주가 되는 시점에서 얻은 경험을 묘사하는 것이었다. 나는 그 가운데에서 한 스케치를 결코 잊을 수 없다. 젊은 상담자 다섯 명이 의자를 가지고 노를 저어 가는 배를 만들었다. 그들이 미처 다 앉기도 전에 선장은 그들을 몰아친다. "더 빨리! 더 빨리! 더 빨리!" 그는 점점 더 빨리 외쳐댔다. 상담자들은 전력을 다해서 노를 젓는다. 그들은 노 젓기에 몰두하다가 우르르 배 밖으로 몰려나갔다. 그리고 사람들이 다 모이자 그들의 팔과 다리를 재고 시험했다. 그러더니 숫자를 세기 시작했다. 그들 중 세 번째 사람마다 쫓겨나야만 했다. 탈락! 그런데 갑자기 선장의 놀란 외침이 들렸다. "길을 잘못 왔다! 모두 배를 다시 돌려라! 더 빨리! 180도! 회전! 더 빨리! 더 빨리! 더 빨리!" 대공황 상태가 벌어졌다. 그것은 그들에게 생존이 걸린 문제였기 때문이다. 그것은 배에 탄 상담자들에게만 해당되는 일이 아니었다.

내적이든 외적이든 직업 현장에서는 '더 빨리'라는 외침이 점점 더 많은 사람들을 재촉하고 있다. 그가 연극연출가이거나, 정치가이거나, 의사이거나, 기업가 또는 차세대 학자이거나 일의 속도와 요구 사항들은 가히 살인적이다. 불안 또한 도처에 깔려 있다. 적응하지 못하는 사람들은 조직에서 바로 사라지는 것이다. 기업의 중역들이 받고 있는 중압감은 모든 직책으로 파장이 번진다. 하다못해 말단인 수위에게까지 말이다. 시간 압박의 파장은 가치 창조의 사슬을 따라 움직인다. 그러는 사이에 '데드라인'(=죽음의 선)이라는 말을 누구나 다 알게 되었다.

이런 상황에서 '속도 늦추기'를 이루면 과연 무엇을 할 수 있을 것인가? 우리들 가운데 실적 쌓기에 여념이 없고 주 당 60~80시간을 일하고 있는 사람에게는 '스톱'이라는 대답이 필요하다. 전력 질주에서는 급진적인 변화를 가져올 수 없다. 환경의 압박 수위가 너무 높기 때문이다. 그러나 한 번의 '스톱'은 안식일 또는 한 해를 위한 작전 타임이 될 수 있다. 공무원에게는 연차나 무급 휴가가 될 것이다. '스톱'은 최종적인 퇴직이 될 수도 있다. 우리가 삶을 재촉했던 모든 불안들을 잠재우면 개방된 새로운 조직을 위한 단계로 들어선다. 직업 없이 우리는 삶의 명료함이 적나라하게 드러나는 것을 본다. 우리에게는 아직 많은 시간이 있다. 이용할 수 있는 시간과 이용해서는 안 되는 시간을 말이다. 우리는 삶과 가족들에게 중요한 질문을 위한 공간을 다시 얻는다. 그리고 미래에 어떻게 무엇을 일하려는지 서서히 명백하게 알아낼 수 있다. 어떻게 능력과 이상을 서로 연결할 수 있는지를 말이다.

직장 환경에서도 변화를 이끌어낼 수 있다. '속도 늦추기'를 연습하면 동료들이 바라는 조직의 질을 높일 수 있다. 집중력, 신중함, 창조성과 침착성을 이끌어내게 된다. 또한 심한 스트레스 상황과 위기감을 줄일 수도 있다. 상황의 판단에만 매달리지 않아 더 명료하게 볼 수 있다. 또한 의사소통 능력도 개선된다. 이것이 오늘날 바뀌어야 할 시급한 모든 환경의 질이다. 그러나 개인적으로 직장에서는 불편함이 증가하는 의식으로 자랄 수도 있다. 내 친구 가운데 한 사람은 오랫동안 광고회사에서 일했다. 그는 '속도 늦추기'로 얻은 자신의 경험을 다음과 같이 이야기했다.

내 성공적인 처방은 급한 상황들을 극단적으로 느리게 만드는 것이었다. 주위 환경으로 인해 내 감정이 점점 부글부글 끓어오를 때나, 동료들이 기분나쁜 말을 할 때, 나는 의식적으로 모든 정신적 육체적 행위에 제동을 걸었다. 이로 인해 내 손동작은 느려졌고 목소리는 더 낮아졌다. 나는 급한 마음으로 미팅을 진행할 때, 책상 위에 있는 서류를 집을 때에도 아주 천천히 움직였다. 이러한 행동은 주위를 미묘하게 안정시키는 작용을 했다. 마음 속의 소용돌이도 가라앉았다. 그런 다음 나는 미팅을 시작했고, 사람들은 내 말을 경청했다. 내가 흥분한 사무실의 분위기에 빠져들지 않는다는 것이 매우 놀라웠다. 그러나 그런 환경에서 일을 해야 한다는 것은 끔찍했다.

'속도 늦추기'는 우리를 더 효율적이고 더 빠르게 한다(말 그대로). 그와 동시에 급히 서둘러야 할 상황에도 우리의 마음이 침착해진다는 사실을 느끼게 된다. 겉으로 드러나는 전문성은 우리를 고통스럽게 한다. 그러나 우리가 속도 늦추기와 진정한 관계를 원하면 이로 인해 우리의 재능이 도구화되었다는 사실을 명백하게 알게 된다. 이로써 우리는 의미에 문제를 제기한다. '속도 늦추기'는 업무에 다른 형태의 노력을 추구하는 잠재 의식을 깨울 수 있다. '속도 늦추기'는 오랜 시간에 걸쳐 해 온 업무의 세계를 새로운 활동의 장으로 만들고 동료와의 협동도 이끌어내게 될 것이다.

또한 '속도 늦추기'는 더 좋은 직장 환경을 만들기 위해서도 여러 가지 일을 할 수 있다. 이를 위한 몇 가지를 소개한다.

✔ 컴퓨터가 도움이 되도록 만들라. 화면에는 항상 '속도 늦

추기'를 기억나게 하는 그림이나 장치를 프로그램화하라.

✔ 전화가 오는 신호를 '속도 늦추기'의 정지 신호로 이용하라. 하던 일을 중단하고 의식적으로 숨쉬기를 하라. 전화가 2~3번 울린 다음 수화기를 들어라. 수화기를 들기 전에 전화를 건 사람에게 웃음을 보내라.

✔ 화장실이나 옆 사무실로 갈 때에는 의식적으로 깨어 있는 걸음걸이로 가라.

✔ 이야기하지 않아도 되는 안정된 휴식 공간을 동료에게 제안하라.

✔ 프로젝트 책임자의 직업 문화에 맞춰 강화된 프로젝트를 선택하라. 업무나 생활을 항상 침착하게 하는 사람들과 관계를 만들려고 시도하라.

✔ 중요한 기회라고 해서 그 자리에서 "예!"라고 대답하지 말고 되도록이면 하룻밤이 지나서 결정하라.

✔ 업무를 시작하기 전에 항상 동료들과 함께 다음과 같은 자발적인 질문을 하고 시작하라. "우리가 어떻게 하면 업무를 보면서 스트레스를 덜 받고 긴장을 풀 수 있을까?"

✔ 많은 기업에 명상 센터가 늘어나고 있다. 당신 회사에도 그런 명상 센터가 있는지 알아보라.

'속도 늦추기'가 사람들에게서 공감을 얻지 못하면 마음이 위축될 수 있다. 지속적으로 자신을 발전시킬 수 있는 마음 자세가 필요하다. 이럴 때 동아리 모임을 찾아가서 함께 연습을 해 보라. 불만이나 스트레스를 주는 일은 자신의 삶에 상처를 준다. 당신의 직장이 지속적인 스트레스로 인해 지치고 힘이 소모되는 곳이라면 그냥 내버려두지 말라.

정지점

🖐 … 밤 11시 이후에 사무실에 있을 때

🖐 … 어떤 요구 사항을 받아들이기 전에

🖐 … 사표 내는 꿈을 꾸고 있을 때

1_ 당신의 직업 환경을 어떻게 묘사할 수 있는가? 어떤 구성원, 프로젝트나 시스템이 가속화와 '속도 늦추기'를 요구하고 있는지 적어 보라. 당신은 어떤 것에서 '속도 늦추기'와 더욱 강하게 연결될 수 있겠는가?

2_ 업무중에 '속도 늦추기'나 멈춤의 상징을 표시한 많은 메모지를 붙여놓고 때때로 작은 정지 순간을 유지하도록 하

라. 그런 메모지를 붙여둘 대표적인 곳은 핸드폰, 계획표, 서류가방, 손목시계, 사무실의 문 등이다.

3_ 가장 가까운 친구를 초대하라. 저녁에 다음과 같은 주제로 이야기를 해 보라. "업무 시간에 안정감과 긴장 이완을 이끌어 내기 위해 내가 할 수 있는 일은 무엇인가?"

| 우리의 개인 영역 |

업무 시간이 끝난 뒤 우리의 삶에 남는 것은 무엇인지 개인 영역을 계산해 보자. 많은 사람들은 이 두 영역을 철저하게 분리하여 마치 서로 다른 세계에서 행동하는 것처럼 착각 속에 산다. 서로 다른 규칙과 가치 그리고 속도를 가진 두 개의 세계처럼 말이다.

사생활의 영역은 전통적으로 직장과 분리된 곳으로 인식하며 그 곳에서 비로소 '속도 늦추기'가 '허용' 된다. 우리의 심리 상태는 집에 들어서면서 '진짜' 우리가 되는 것이다. 주말에는 개인적인 긴장을 풀고 안정을 찾을 수 있다. 우리 모두에게 집과 직장으로 분리되는 삶은 고통스럽다. 또한 모든 인위적인 분리는 삶의 통일성을 위협하며 우리의 완전성도 위협한다. 왜 가정과 직장에서의 삶이 다른 기준으로 통해야만 하는가? 사무실 문이 닫힌 뒤에는 갑자기 우리가 다른 사람으로 변하기라도 하는 것인가?

사생활의 영역과 직업의 영역 사이를 떼어놓는 삶은 허상이다. 우리는 사생활의 영역 속에 항상 직장 업무를 끌어들이고, 직장 업무를 항상 사생활 속에 끌어들인다. 가속화된 직장 생활의 비중이 높으면 높아질수록 모든 사생활은 직장 업무의 일부분이 된다. 우리 모두 개인적인 목표를 세워 실행에 옮기고, 사생활을 관리하기 시작해 보자. 극단적인 경우 우리는 아이들을 관리하는 것에 머물 수도 있다. 당장 오늘 당신의 직업이 얼마나 사생활에 끼어드는지 생각해보라.

우리들 각자의 마음 속에는 삶의 일치에 대한 동경이 있다. '속도 늦추기'는 직업과 사생활이 화해할 수 있도록 돕는다. 그 화해는 우리로 하여금 직업 활동이 가족을 위해 일하는 것이며, 다른 사람들과의 관계를 돈독히 하고 개인의 발전을 촉구하는 것이다. 이를 위해 사생활에 새로운 방향을 설정해야 하는데, 그 방향을 다음의 설명으로 나타내고자 한다.

핵가족 형태나 독신 생활이 우리 시대를 지배하는 삶의 형태이다. 그러나 핵가족이나 독신주의자로서의 삶은 단지 경제적 관점(시간)에서만 큰 단점이 있는 것이 아니다. 그런 삶을 유지하기 위해서는 어마어마한 물리적 에너지와 불필요한 많은 자원이 소모된다. 특히 도시에서는 이웃간의 의존 관계가 점점 더 사라지게 된다. 이웃과 그저 피상적으로만 알고 지내며 부모와 자식들이 서로 다른 도시에 떨어져 사는 경우가 많다. 바로 이 점이 삶에 더 많은 긴장과 더 많은 비용이 들게 한다. 그리고 누구보다도 혼자 아이를 키우는 사람들에게 이런 상황이야말로 많은 어려움을 겪게 한다. 그들의 일상은 직업과 가사노동, 유치원과 놀이터 사이를 정신없이 뛰어다니는 일이 흔하게 되었다. 핵가족이 살림을 서로 나누어 분담하는 대신 이들은 모든 것을 스스로 해야 하고 혼자서 모든 것을 구입해야 한다. 세금 계산, 육아, 수리, 요리, 쇼핑 등등을 말이다. 누가 이렇게 바쁜 삶을 살아가겠다고 쉽게 결심할 수 있겠는가? 그렇다면 이외의 삶을 모르기 때문에 이런 삶의 형태가 늘어나는 것일까?

아직 소수의 사람들이지만 이런 핵가족 형태와는 전혀 다른 생활을 준비하기도 한다. 유럽과 독일에서 핵가족과 다른 방식의 생활 기반을 마련하려는 움직임이 서서히 일고 있다.

최근 6개월 동안 나는 서로 친분이 없는 네 사람으로부터 공동체를 만들려는 구체적인 계획에 대해 이야기를 들었다. 이들은 여러 공동체를 찾아다닌 끝에 이제 그 곳으로 과감히 들어가려 한다. 이 공동체를 만든 사람들은 단순히 정신이 나간 이상주의자들이 아니라 개인적인 경험을 통해 공동체 생활이 핵가족에서는 찾을 수 없는 발전의 자유 공간과 건강한 삶을 확신하는 사람들이다. 이들은 생동감, 아름다움, 자유 그리고 그러한 삶의 가치를 더 이상 놓치고 싶어하지 않는다. 그래서 자신들의 사적 영역을 급진적으로 바꾸려는 것이다.

당신이 아주 친한 친구 열 명과 그들의 가족과 함께 산다는 상상을 잠시 동안 해 보라. 시골이나 도시 변두리에 세워질 공동체에 대해서 말이다. 당신의 재능과 능력 에너지를 한데 묶는 데 찬성하면 갈등 해결을 위한 원칙들을 몇몇 개 또는 많이 세우게 될 것이다.

당신은 이 에너지를 가지고 뭔가 새로운 생활을 만들 수 있다고 생각하는가? 모든 사람들의 발전을 바라는 동시에 적합한 물질적 관리를 보장할 수 있겠는가? 만약 혼자라면 언제 이 모든 것을 다 채울 수 있는가? 이런 계획을 그려 보면서 당신은 무엇을 생각하게 되는가?

'더 많이' 채우려는 우리의 욕망이 개인적 시간 결핍의 주요 원인이다. 소비, 행동 수준, 개인의 욕망에 대한 욕구를 줄이면 우리의 삶은 다른 영역을 위한 자유 공간을 많이 얻게 된다. '더 많이'를 향한 만족할 수 없는 소원과 시간 결핍 사이의 상관 관계는 아무리 반복해서 강조해도 모자란다. 점점 더 높아지는 생활비는 우리를 압박(시간)에 가위눌리게 만든다. 우리가 더 많이 쓸수록 그만큼 더 많이 일을 해야 한다. '우리가 얼마를 벌 수 있을까?' 하는 물음 대신 '우리에게 필요 없는 것은 무엇일까?' 하고 물어야 할 것이다. 이런 개인적 욕망을 묶어둘수록 안정과 침착성은 높아진다.

거기에다 개인적인 삶의 환경이 불필요하게 복잡해졌고 이러한 개인적 환경을 유지하기 위해서 보다 많은 시간과 에너지를 소모하게 되었다. 이제 손에 손을 잡고 '속도 늦추기'와 삶의 에너지를 줄이는 일에 동참하자. 거추장스러운 모든 삶을 바닥에 던져 버리라. 몇 년 전부터 읽지 않던 책과 더 이상 입지 않는 옷가지, 필요하지 않은 선물들. 보이지 않게 당신의 삶을 이루어 온 모든 것들을 위해 시간과 에너지를 투자하자. 그것들을 관리하고 먼지를 털어 청결을 유지하고 안전하게 보호하고 관리하기 위해서 말이다.

어쩌면 당신은 모두 채울 수 없는 너무나 큰 집에서 살고 있는지도 모른다. 나는 여름 내내 정원에서 분주하게 일하거나, 재산 관리에 몰두해야 하는 유산을 받은 사람들을 알고 있다. 소유물은 짐이 될 수 있다. 부디 당신 삶에서 복잡한 부분을 명확히 알아내도록 하라. 불필요한 것들을 내버리면 명백함을 얻게 된다. 공간은 넓어지고 일정표에는 빈 공간이 늘어나게 된다. 필요 없는 것들을 과감하게 버려서 다음 이사에 꼭 필요한 것에만 자리를 만드는 기회가 될 수 있다.

돈과 관련된 개인적 환경도 덧붙일 수 있다. 경제적인 풍요로움을 위해 얼마나 많은 시간과 에너지가 숨겨져 있는지 스스로에게 물어 보라. 주가의 오르내리는 속도와 불안은 쉽게 전염된다. 가장 높은 연 수익률을 향한 사냥이야말로 세계 가속화의 주요 원인이다. 당신은 진정으로 이 놀이에 참여하고 싶은가? 당신이 어떤 기준을 가지고 돈을 투자하는지 자문해 보라. 당신은 참을성이 있는가? 당신은 진정으로 중요한 삶의 프로젝트에 재정 지원하고 있는가? '속도 늦추기'는 우리의 투자가 어떤 영향을 주는지 자세히 들여다보는 것을 의미한다. 투자를 할 때 당신 스스로에게 진정한 삶을 물어 보았다면 고소득의 연 수익률을 올리는 투자도 거절할 수 있다. 또한 거주 공간도 변화시킬 수 있으며 더 많은 공간을 긴장 이완과 안정을 위해 만들어 낼 수 있다. 당신이 오늘 문을 열고 집 안에 들어설 때 어떤 분위기였는가? 처리하지 못한 일을 들여다보았는가? 다 못 읽은 책, 답장을 하지 못한 편지, 물을 주지 못한 화분? 당신의 집은 긴장을 풀어 주는 장소인가?

부디 당신이 안전한 휴식 공간을 만들 수 있는지에 대해 곰곰이 생각해 보라. 어떤 공간이든 상관없이 아무도 당신을 방해할 수 없는 곳 말이다. 이 장소는 '속도 늦추기'에 꼭 필요한 자리이며 마음의 가정을 제공한다. 당신은 이 곳에서 규칙적으로 책을 읽는가? 화가 날 때 이 곳에 머무르면서 명상을 하거나, 아니면 단지 방해를 받지 않을 수도 있다. 휴식 공간은 고요와 존중의 장소이자 방해와 방송매체, 프로젝트 목록이 없는 장소이다.

많은 가정에는 이렇게 머무를 수 있는 곳이 거의 존재하지 않는다. 당신은 기능주의에 의해 지배당하는 삶을 살고 있기 때문이다. 가정을 생기가 돌고, 따뜻하고, 평화가 가득한 분위기로 만들어라. 그러면 우리 자신이 보호될 뿐만 아니라 마음의 평화도 얻을 수 있다.

정지점

🔥 … 다음 번 이사 전에

🔥 … 서랍, 장롱, 창고가 넘쳐날 때

🔥 … "이건 개인적인 문제야"라고 말할 때

1_ 필요없는 잡동사니를 치우는 날을 정하고 그 날은 이방 저 방을 돌아다니면서 쓸데없는 물건을 내다 버려라. 이 때 세 가지 원칙을 정하라. 가지고 있을 것, 버릴 것, 남에게 줄 것.

2_ 집 안에 휴식 공간을 만들어라. 가능한 한 침실과는 먼 곳에 만들라. 모든 가족으로부터 이 공간이 존중받는 규칙을 정하라.

3_ 집 안에 작은 쪽지를 붙여놓음으로써 '속도 늦추기'를 기억할 수 있다. 작은 '멈춤' 표시를 냉장고, 리모콘, 커피메이커 등 적절한 곳에 붙여놓아라. 당신의 맥박이 규칙적으로 뛰지 않을 때와 조금 휴식을 취하고 싶을 때 도움이 될 것이다.

강한 나무는 깊고 튼튼한 뿌리를 가지고 있다. 그 뿌리는 견고한 생명력과 어떤 바람에도 쉽게 꺾이지 않는 나무줄기와 비바람을 이겨내는 강인함을 통해 드러난다. 흔히 나무들은 여러 가지 관점에서 삶에 많은 것을 제공한다. 나무들은 물의 원천이며 산소의 생산, 새들의 둥지, 헤아릴 수 없이 많은 꽃과 과일, 그늘을 가지고 있다. 위대한 평화와 침착함이 발산되는 사람은 그러한 나무와 같다. 그들의 삶 속에는 확고한 그 무엇이 서 있다. 그래서 사람들을 생각하는 마음도 쉽사리 흔들리지 않는다. 그들 또한 삶에 깊은 뿌리를 내리고 있기 때문이다.

우리의 뿌리는 어떠한가? 삶 어디에 뿌리를 내리고 있는가? 대체 뿌리를 내릴 시간이라도 있는가? 사회의 발전은 이와는 전혀 다른 방향을 가리킨다. 견고함, 일관성, 인내와 같은 것은 요즘 현실에서는 높은 평가를 받지 못한다. 주위 환경은 점점 더 많은 유연성과 기동성을 요구한다. 북부 사람은 남부에서 일하고 농부의 아들은 엔지니어가 된다. 화학자가 미국에서 학위를 받고 매니저 양성 프로그램 과정을 졸업한다.

나와 가장 가까운 학교 선후배 10명은 현재 6개국의 9개

다른 도시에 살고 있다. 나 역시도 최근 10년간 11번이나 이사를 했다. 사회학자인 리차드 세네트는 사회의 이런 발전 현상을 '표류'라고 말한 바 있다. 과거 대부분의 삶이 한 장소, 한 직업 분야, 한 공동체에 깊이 뿌리를 내리던 것과 달리 현대의 많은 이들은 '유연하게 떠도는 인간' 즉, 삶의 상황에 맞추어 움직이고 있다. 우리에게는 더 이상 자신의 환경 속에 깊이 연결할 시간이 점점 없어지고 있다. 우리는 겨우 땅 표면에 뿌리를 내리고 있는 것이다. 내 친구는 자신의 이런 생활을 다음과 같이 썼다.

처음에는 이탈리아에서 직장을 잡는 것이 겨우 몇 년 간이면 된다는 것을 확신했네. 그 이후 나는 다시 스위스나 미국으로 돌아가려고 했네. 나도 물론 아이들의 학교 부모 상담에도 참가하고 싶었지만 곧 여기를 떠날 거라는 생각이 들었지. 생활 환경과 밀접하게 결합되지 못한 채 나는 더 오랜 기간 그 곳에서 일을 하게 되었네. 그런데 그 기분이 아주 불만스러운 거야. 막 도착한 정거장에서 곧장 다음 정거장을 또 선택해야만 한다는 기분 말일세. 나는 이제 최소 10년은 머물 수 있는 장소를 찾고 있네.

언제나 떠돌아다녀야 하는 상황 속에 살고 있으면 당연히 뿌리를 내리기가 어렵다. 직업 유랑민인 우리는 항상 다시 새로운 직업을 찾아야 한다. 그것에 삶의 에너지를 다시 쏟아붓게 된다 하더라도 말이다. 왜냐하면 삶을 옮겨 심을 때마다 힘을 들여야 하고 새로운 분리가 따르기 때문이다. 그것은 단지 거주지와의 깊은 결합이 약화되는 것뿐만 아니라 뿌리 뽑기도 더 깊숙이 개입된다. 이에 대해 내 명상 스승인 타이 도이(Thay Doji)가 한 말이 기억난다.

내가 여러분에게 칠판에 삶을 나타내는 크고 튼튼한 나무를 그려 보이겠습니다. 나무의 뿌리는 여러분에게 에너지를 보내주며, 혈족과 영적인 전통과 여러분들이 속한 민족과의 건강하고 친밀한 관계를 상징합니다. 이 뿌리들 가운데 어떤 것은 전쟁, 싸움, 몰이해로 인해 상처를 입었고 심지어 잘려나가기도 했습니다. 여러분들의 과제는 이 뿌리를 치료하여 삶의 근원과 새롭게 연결하는 일입니다. 그러면 여러분의 삶은 더 많은 힘, 깊이, 평화의 확고함을 얻게 됩니다.

우리가 뿌리를 뽑혔든지 스스로 잘라냈든 관계없이 뿌리

가 없다는 것은 분리와 고통을 의미한다. 그것은 깊은 상처와도 같아서 고요한 순간에 느껴지기 시작한다. 우리는 갈등과 분리를 인식하고 천천히 풀어나감으로써 삶의 뿌리를 치유하고 강하게 할 수 있다.

가족의 뿌리. 증오가 타오르는 싸움, 관계의 단절, 채무 명령, 불화, 몰이해, 애정 상실과 비난 등은 가족간의 결합을 약화시킨다. 이렇게 파괴된 상태에 사로잡혀 있을수록 우리는 삶 속에서 약한 존재로 서 있을 수밖에 없다. 가족의 사랑 없이는 모든 삶이 더 힘들고 어려워진다. 가족과의 분리를 더 악화시키지 않는다는 것은 부정적인 것에 더 이상 영양을 공급하지 않는다는 것을 뜻한다. '속도 늦추기'는 가족을 더 잘 이해하고 안정되는 것을 돕는다. 우리가 안정을 되찾으면 문제를 더 깊이 볼 수 있으며 마음 속에 새겨진 부모를 다시 찾을 수 있다. 우리는 부모의 재능과 실수도 보게 된다. 이것은 우리 자신의 고유한 행위 속에 있는 부모의 빛과 그림자이다. 우리는 부모와 분리된 존재가 아니다. 우리는 부모 삶의 연장선상에 있다. 선행자와의 살아 있는 관계를 얻으면 삶은 깊어지고 든든한 발판을 얻게 된다.

조국의 뿌리. 오늘날의 독일처럼 유럽에서 뿌리가 없는 민족도 없다. 세계 대전 발발의 주범으로 전쟁 세대와 홀로코스트의 침묵 등은 독일 문화의 긍정적인 뿌리를 심하게 해치고 있다. 플럼빌리지에서 나는 내 속에 있는 독일인이라는 민족적 고통과 또다른 독일인으로서의 고통을 항상 느낄 수 있었다. 이것은 상처를 분리시켜 떨쳐 버리지 않고 치료하는 일도 잊어 버리지 않는, 더 나아가 내가 내 조국에 속하는 것이 뭔지 아는 것이다. 단순함과 기쁨과 마찬가지로 어려움과 무거움을 말이다.

영적인 뿌리. 점차 많은 사람들이 교회를 떠나고 있다. 그 이유는 많은 이들이 종교로 가는 통로를 잃어버렸기 때문이다. 종교라는 이름 아래 보여 준 공포나 경직된 예식으로는 아무 것도 시작할 수 없기 때문이다. 교회의 이런 태도가 당연하다는 것은 지나치다. 그럼에도 불구하고 영성과의 생생한 결합은 완전한 심연 속에서 삶을 형성하기 위한 중요한 전제 조건이다. 소양이 모자라는 성직자나 종교 대표자에 대한 증오로 인해 삶에서 영적 경험을 얻으려는 것이 사라지는 일이 생겨서는 안 된다. 기독교는 유럽에 깊이 뿌리내린 종교다. 기독교의 정신은 지금도 우리를 에워싸고 있으며 건물들 또한 우리를 둘러싸고 있다. 기독교의 핵심과 영적인 개인성이 결합될 수 있으면 우리는 깊이와 발판을 얻게 된다. 이로 인해 우리는 평화를 얻을 수 있다. 또한 다른 종교나 영적 세계에 새로운 학설을 연결시키는 일이 더욱 쉬워진다. 그러면 다른 종교들을 더 가까이에서 느끼게 되고 서양인의 종교의 뿌리와 화해하는 중대한 진전을 보게 될 것이다. 우리 집의 제단 위에 놓인 예수 그리스도 자리가 부처나 그 밖의 다른 종교의 영적 지도자를 위해 만들어질 수 있다.

'속도 늦추기'는 삶의 뿌리에 닿기 위해서 땅 속 깊이 파고들어가려는 것에 많은 도움이 된다. 이를 위해서 플럼빌리지에서는 땅을 향하는 수행법을 발전시켰다. 우리는 정신 속에서 뿌리 중의 하나(예를 들어 가족)와 결합한다. 그런 다음 온 몸을 땅에 댄다. 우리는 주의를 기울여 무릎을 꿇고 땅에 엎드린다. 손바닥으로 땅을 어루만지면서 우리가 혼자이거나 분리되어 있는 것이 아니라 혈연의 연속임을 느낀다. 땅과 접촉하면서 우리가 땅의 일부이며, 삶의 일부라는 것을 기억하게 한다. 바닥에 엎드린 다음, 개방성과 선행자를 받아들인다는 표시로 손바닥을 편다. 이 접촉은 수행하는 사람들에게 아주 강한 감정을 불러일으킨다. 우리가 소홀히했거나, 상처를 입힌 뿌리들을 새로이 접촉하면서 긴밀한 만남이 놀랍게 전해져 온다. 삶에 포함된 무한한 에너지가 얼마나 많이 기다리고 있었는지 다시 깨우치는 일은 정말 놀랍다. 이런 땅과의 직접적인 접촉으로 인해 나는 개인적으로 내 가족의 뿌리에 대해 아주 많은 것을 배우게 되었다. 또한 이와 비슷한 연습을 통해 다른 뿌리와 만날 수도 있다.

뿌리를 강하게 하면 우리는 점차 오랜 시간 관계했던 습관의 공포도 없앨 수 있다. 삶은 그것을 발판으로 정착하면서 내구성을 얻는다. 나무는 달아날 수도 없고 달아나려 하지도 않는다. 나무는 이미 있는 조건들을 그대로 받아들인다. 그 나무가 떡갈나무이면 그것은 떡갈나무이지 밤나무가 되려고 꿈꾸지 않는다. 땅이 산성이고 건조하거나 미네랄이 부족하면 나무는 죽지 않으려고 서둘러 뿌리를 뻗는다. 우리가 가장 좋은 땅, 가장 좋은 빛, 생활하기 좋은 계절을 찾아서 쉴 새 없이 찾아 헤맬 때 이 점을 기억하면 도움이 될 것이다. 우리는 나무들로부터 배울 것이 너무나 많다.

정지점

🪶 … 당신이 다른 사람과 분리되었다고 느낄 때

🪶 … 낯선 곳으로 옮길 때

🌿 ⋯ 오래된 나무와 만날 때

🌿 ⋯ 묘지에서

1_ 뿌리 부분에 '친족' '영적 고향' '국적'이라는 영역을 가
진 나무를 한 그루 그려라. 이 나무가 어떻게 보이는가?
어디가 끊어졌는가? 당신의 인생나무 꼭대기에 이것들이
어떤 영향을 미치는가?

2_ 발을 땅과 접촉하게 하라. 당신에게 삶을 준 것으로부터
당신이 유래된 뿌리를 잠시 동안 기억하라. 당신의 가족,
국민, 영적인 전통에 대해 차례차례 연결해 보라. 발을 통
해 땅과 함께 숨을 쉬면서 어떻게 당신의 뿌리가 깊어지는
지 떠올려라.

| 우리의 관계 |

이해, 친밀, 감동, 참여, 사랑과 우정은 인간 관계에 있어
가장 필요한 요소이다. 이것은 주변 환경과의 관계 속에서 나
타난다.

삶은 우리가 가진 관계의 총합이다. 우리의 존재와 관계되지 않은 것은 아무 것도 없다. 우리는 모든 관계로 연결되어 있다. '속도 늦추기'는 우리가 관계의 존재임을 더 깊이 이해하도록 도와 준다. 우리는 모든 것에서 홀로 떨어진 고립된 주체가 아니다. 우리는 우리가 인식하는 대상과의 깊은 상호작용 속에 서 있다. 그리고 우리는 각각의 관계 속에서 자연인으로 유지된다. 우리의 의식 속에는 절대적으로 객관적인 대상은 존재하지 않는다.

예를 들어 우리가 과거에 이웃과 자주 다투었다면 그를 공격적인 사람으로 느낀다. 주체인 우리는 대상인 이웃의 성격을 공격적이라고 확정한다. 그러나 이러한 확신은 신뢰할 만한 것이 못 되는데, 그 이유는 그 이웃이 공격적인 '사람'이 아니라, '그 관계 속에서 우리에게' 공격적이기 때문이다. 우리가 이웃에게 개인적인 공격성을 책임지우더라도 우리 역시 그 반대의 관계에서 공격성을 드러내는 한 부분이다. 왜냐하면 다른 사람과의 관계에서는 이웃이 전혀 공격적인 모습을 보이지 않을 수도 있기 때문이다.

우리가 다른 사람을 판단할 때 삶의 다양한 관계에서 생각하기보다 오히려 그들을 더 깊이 이해할 수 있는 부분을 회피하려 하기도 한다. 이 때 '속도 늦추기'는 다른 사람과 건강한 관계를 맺도록 돕는다.

우리의 관계는 다양하다. 또한 우리는 무수히 많은 관계 속에 놓여 있다.

✔ 사람, 동물, 식물과 미네랄

✔ 이념, 감정, 인식, 정신의 구성과 육체의 상태

✔ 돈, 섹스, 성공과 명성이라는 주제

✔ 물, 땅, 불, 공기와 공간이라는 요소

✔ 선생, 조직, 기업

✔ 친구와 동료

✔ 가족과 아이들

✔ 과거, 현재, 미래와 더 많은 것

모든 순간마다 새로운 관계의 그물은 삶을 형성한다. 내가 무엇 때문에 이러한 상관 관계를 이다지도 강력하게 강조하는지 아는가? '속도 늦추기'의 관계 속에서 또다른 무언가를 항상 시작할 수 있기 때문이다. 불안의 원인은 관계 속에서 환경으로 퍼져 저장되며 환경 속에서 항상 새로운 것으로 나타난다. 이 상호 유희는 점차 관계를 더 잘 이해할 수 있다. 다음에 나오는 것은 관계를 이해하는 데 많은 도움이 된다.

잘못된 인식은 오해와의 관계 속에서 스트레스를 만들어 낸다. 우리가 마음 속으로 "이거나 저거나 다 그렇지 뭐!"라고 말하는 즉시 하나의 관계가 굳어져 버린다. 첫인상이나 판단이 확정되고 나면 인식에 새겨져서 왜곡되기 시작한다. 오래 전의 사건은 오랫동안 모든 행위자의 의견이 서로 개입될 수 있고 본질도 흐려질 수 있다. 당신이 느끼는 첫인상에 대한 생각을 항상 주의하라. 그가 특별하지 않다는 이유로, 또는 그가 당신을 오랫동안 기억한다거나, 그의 첫인상이 마음에 드는 행동을 한다고 믿는 당신의 태도가 자꾸만 뒷받침될 수 있기 때문이다.

주변 환경을 더 명료하고 완전하게 파악할 수 있으면 그만큼 우리는 관계 속에 있는 상대방의 조화로운 움직임을 잘 경험할 수 있다. 이러한 서로의 즐거움은 사랑하는 사람과의 관계에서 쉽게 경험하게 된다. 부부 관계 치료사로 유명한 미하엘 루카스 뮐러는 이러한 서로의 즐거움을 다음과 같이 표현했다. "그들은 같은 관계에 있는 두 개의 얼굴인데, 서로는 보지를 못한다." 그는 치료 목적으로 부부에게 규칙적으로 가상의 상대와 대화하는 법을 도입하였다. 이러한 대화 과정으로 서로에게 감정을 표현하는 법을 배우게 한다. 가상의 상대와의 대화는 '속도 늦추기'에 있어서도 분신과도 같다. 이는 부부들이 서로의 즐거움을 의식하지 않고 자연스럽게 이해하게 되고, 상대방의 실수를 서로 찾지 않도록 한다. 또한 모든 대화마다 언제나 새로운 기분을 만들어 굳어진 부부의 관계를 원활하게 할 수 있다.

부드러움(이완)은 관계를 열고, 굳어 있는(경직) 것은 관계를 끊는다. 부드럽지 못한 생활 습관과 디스크가 국민병이 된 것은 결코 우연이 아니다. 경직된 모습은 자기 자신과 주변 환경과의 만남을 실패로 만든다. 우리는 물리적인 면과 심리적인 면에서 아주 밀접한 관계를 가지고 있다. 모든 존재는 상대방이 경직된 모습을 보이면 대부분 방어적인 태도를 분명하게 취한다.

경직된 상태에서의 관계는 어떤 일이나 이해심과 담을 쌓는다. 물리치료사들은 이것을 '공포로 인한 갑옷'이라고 말한다. 부드러움은 주변 환경과 다시 새롭게 결합하는 과정이다. 부드러움은 막혀 있던 에너지를 분출하게 만든다. 그러나 부드러움이 항상 편안한 것만은 아니다. 다시 말하면 깊은 이

완은 깊은 관계를 건드리고 그것은 우리에게 불안을 가져다 주기 때문이다. '속도 늦추기'는 풀리지 않는 관계를 부드럽게 만져 주고, 하나씩 개선해 가는 데 도움이 되며, 나아가 관계들이 서서히 풀리게 한다. 타이기(Taiji)에는 이런 말이 있다. "완전히 긴장이 풀린 사람에게는 코뿔소가 달려들 자리가 없다. 싸움은 그친다."

우리 자신에 대한 관계는 외부의 모든 관계 속에 반영된다. 자기 자신에 대한 이해는 우리의 모든 관계를 변화시키는 열쇠이다. 자기 자신에 대해 조급증이 생기면 보통 환경도 압박을 받게 된다. 우리의 내면은 항상 외면에서 드러난다. 세계를 변화시키려는 대신 세계에 대한 우리의 생각을 바꿀 수도 있다. 외부와의 싸움을 통해 변화를 강요하는 것이 아니라, 내면의 싸움을 중단하는 것이다. 바로 이것이 환경에 영향을 준다. 이로 인해 환경은 더 평화로워지는 것이다. 그러므로 '속도 늦추기'는 내면의 삶에 많은 공간을 만들어 주는 것이다. 우리가 자기 자신을 용서할 수 있을 때 비로소 외부와 화해할 수 있는 상태가 된다. 주변에 대해 혹독하게 판단한 모든 것들은 그대로 자신에게 다시 되돌아온다. 이런 마음의 거울을 이용하면 우리는 날마다 새롭게 배울 수 있다. 잘못을 다른 사람에게 돌리지 않으면 많은 갈등도 해소된다.

이 때 관계의 질을 형성하는 데 영적 지도자의 모범상이 있으면 많은 도움이 된다. 비록 일상 생활에서 이 모범상을 소홀히 하게 되더라도 말이다. 우리는 연습하는 과정에 있는 사람들이다. 나는 내 삶을 위해 일방적으로 의존하지 않으며, 서로 이해심을 가지려고 노력하고, 존중하는 관계를 원한다. 또한 나는 관계 속에서 생각과 말, 모든 행위에 주의를 기울이는 관계를 원한다. 올바른 관계를 형성하고 심화를 촉구하는 환경은 '속도 늦추기'를 위한 거대한 행복이다.

정지점

🪶 … 무심코 뭔가를 버리기 전에

🪶 … "그건 나와는 아무 상관없어!"라고 생각하거나 말할 때

🪶 … 당신 혼자만의 잘못이라고 느껴질 때

1_ 칫솔과 긍정적인 관계를 맺도록 시도해 보라. 양치질을 할 때마다 칫솔을 정확하게 인식하고 잘 대하라. 칫솔의 움직임을 일상의 다른 대상과 관계를 위한 기억으로서 사용하라.

불교에서는 사랑에 대한 폭넓은 개념이 있다. 다나 파라미타(Dana paramita)로 이 말은 베푸는 것의 완전함이다. 다나 파라미타는 또한 다음과 같이 묻는다. 우리가 선물을 줌으로써 받는 이에게 기쁨과 행복, 사랑을 불러일으킬 수 있는 능력을 소유하고 있는가? 이런 관점에서 선물의 질은 물질적 가치에서 뿐만 아니라, 받는 사람에게 미치는 긍정적인 작용도 중요하다. 우리는 돈 한 푼 들이지 않고도 평화와 안정, 신뢰감을 선물할 수 있다. 이 점은 '속도 늦추기'에 있어 아주 중요한 인식이다. 주의를 기울이지 않으면 우리 아이들에게 많은 것을 주면서도 정작 아이들이 필요한 것을 주지 못한다. 틱 낫 한 스님은 사업가를 위한 모임에서 다음과 같은 이야기를 했다.

내가 잘 아는 젊은이에게 그의 아버지가 생일에 무엇을 바라느냐고 물었다는 것이다. 젊은이는 대답하기를 주저했다. 아버지는 아주 부자였고, 아들의 모든 소원을 다 들어 줄 수 있었다. 그러나 아버지는 돈을 버는 일에 매달려서 집에서 지내는 날이 없었다. 젊은이가 말했다. "아버지, 난 아버지를 원해요!" 이 이야기는 분명한 의미를 전달하고 있다. 네가 누군가를 사

2_ 오랜 친구를 새로운 눈으로 보려고 시도해 보라. 마치 친구를 처음 알게 된 것처럼 말이다. 남자친구이든 여자친구이든 상관없이 다음과 같이 물어 보라. "너에게 영감을 주는 것은 무엇인가?" "우리의 우정에 네가 중요하다고 여기는 것은 뭘까?" "무엇에 대해 꿈을 꾸고 있지?" "너는 무엇에 불안을 느껴?" 낡은 하수관 속으로 휩쓸려 들어가지 말고 당신의 관계를 항상 열린 상태로 경험하라.

| 우리의 선물 |

주위 환경과의 관계는 그 상황에 우리가 무엇을 이미 주었는가 하는 것으로 특징짓는다. 아량은 우리의 마음을 넓히며, 인색함은 마음을 좁게 한다.

우리들 가운데 많은 사람들이 가족과 친구 외에 그 누구의 행복에도 관심을 갖지 않는다. 많은 사람들이 오직 가족을 위해서만 오랫 동안 고된 일을 한다. 우리가 열심히 일을 그들은 뭔가를 주고 싶어한다. 좋은 집, 특별한 휴가 명성 등을 말이다. 그러나 그런 선물들이 우리에게 한 것인가?

랑한다면 너는 그 사람을 위해 언제나 같이 있어야만 하며, 그
에게 너의 현재를 선물해야 한다. 이 선물을 주면 그 보답으로
너는 기쁨을 얻게 된다.

– 『부처 가르침의 핵심』 틱 낫 한 저서에서 발췌.

시간을 선물한다는 것은 그 무엇보다도 가장 가치 있는 선
물이 될 수 있다. 그런데 바로 이 시간이 어머니와 아버지들
에게 항상 부족하다.

그러나 우리가 스스로 시간을 냈다고 하더라도 받는 사람
에게 그 시간이 선물이 아닌 것으로 인식되어야 한다. 우리
몸이 그 자리에 있을지라도 생각은 그 곳에 없을 수 있다. 마
음이 딴 곳에 가 있으면 주의깊게 듣지 않거나 자꾸 빗나갈
수 있다. 이런 상황은 마음에도 없는 의무적인 방문의 전형이
다. 이런 상황에서 그에게 필요한 것은 그럴듯한 선물이 아니
다. 이 때 필요한 것은 애정어린 관심과 필요로 할 때 함께 하
는 이해와 사려 깊음이다. 심리 치료사는 자기 말을 진정으로
들어 주는 사람이 있다는 사실 하나만으로도 치료의 효과가
있음을 잘 알고 있다. 만남에 포함된 선물로 에너지가 흐르는

것은 접촉의 지속과 현재의 친밀한 강도에서 나온다. 우리가 오랜 시간 동안 방문자 소파에 참고 앉아 있는 것보다 단 몇 분만이라도 사려 깊은 마음으로 다가갈 때 더 큰 기쁨을 줄 수 있다. 우리의 성급한 방문이 한 사람을 더 깊은 외로움에 빠뜨릴 수 있다. 진정한 선물을 주는 시점은 결국 우리의 정신 상태가 결정하는 것이다.

누군가에게 교만과 공포 또는 분노의 감정으로 베풀면 우리는 선물에 독을 집어넣는 것이다. 국가의 사회보장제도가 불신과 경멸 속에서 이루어지면서 여기저기에 파괴적인 영향을 끼친다. 손을 내밀고 있는 거지들은 이미 우리가 어떤 정신 상태에서 돈을 주는지를 다 느끼고 있다.

나는 진심으로 남에게 베푸는 방법을 배우려는 사람들을 많이 만났다. 그들 가운데에는 많은 월급과 높은 지위를 포기한 사람도 있었다. 그는 이전보다 경제적으로 부족한 삶이었지만 소박한 생활 속에서 자신과 다른 사람들을 위해 시간을 썼다.

흔히 아량은 기존의 물질적 권리 주장을 스스로 포기하는 것에서 출발하는 경우가 많다. 우리는 이러한 삶을 평범한 생활 속에서 실천할 수 있다. 이러한 실천을 위해 내 스스로 연습한 것은 양보였다. 양보는 우리를 잠시 멈추도록 도와 주며 동시에 누군가에게 작은 선물이 되기도 한다. 지금부터 당신도 실천에 옮겨 보라. 다른 사람이 먼저 가도록 양보를 해 보라. 버스를 탈 때, 물건을 사기 위해 긴 줄을 섰을 때, 스키리프트이든 식당에서든 말이다.

뭔가를 얻기 위해 사람들이 몰려들 때마다 양보의 기술을 연습할 수 있다. 당신 등을 밀치는 사람이나 당신 등에 바짝 몸을 붙이고 서 있는 사람에게 길을 열어 주고 먼저 가게 하라. 비록 어렵고 화가 나더라도 웃음을 보여 주어라. 이런 상황에서 나는 놀랄만한 일을 경험했다. 밀물처럼 들이닥치던 사람들이 갑자기 환하게 웃기 시작한 것이다. 전쟁터처럼 혼란스러움이 끝난 것이다.

'속도 늦추기'에서 양보는 뭔가를 포기한다는 마음을 갖는 것이지, 진열대 위에 남은 마지막 물건을 잡는다는 의미가 아니다. 이러한 실천은 사소한 것이 문제가 되는 일상의 작은 전쟁들을 사라지게 만든다.

'작은 양보'를 실천에 옮기면 다른 삶의 영역에도 쉽게 들어설 수 있다. 이미 확보한 주차 자리를 포기하고, 고속도로를 질주하는 '폭주족'에게 먼저 길을 열어 주고, 미팅중에 자신의 의견을 밝히기 위해 안절부절못하고 있는 동료에게 먼저 발언할 기회를 주는 이 작은 행동이 내면을 더 자유롭게 한다. 그러면 당신은 한 걸음 더 나아갈 수 있다. 경력의 사다리에서 동료에게 양보하기, 합법적인 유산을 상속받기 위해 법정에서 싸울 일도 사라지고, 다급한 사람의 뜻을 받아들이기, 자기가 좋아하는 물건을 선물하기. 예를 들자면 한없이 이어질 수 있다. 양보의 기술을 다룰 줄 안다는 것은 모든 분야에서 쓸모가 있다.

양보와 포기를 할 줄 알면 우리는 급박한 충동으로부터 자유로워진다. 내 위치가 조금은 약화되는 듯하지만 이런 일이 더 많이 일어날수록 우리는 더 자유롭게 내 줄 수 있다. 그러다보면 때로 주는 사람의 기쁨과 받는 사람의 기쁨이 하나임을 느낄 수 있게 된다.

당신의 개인적인 '속도 늦추기'가 주변에는 커다란 선물이 됨을 분명히 알아야 한다. 당신이 평화와 침착, 기쁨 속에서 경작하는 것은 주변 모든 것으로 퍼져나간다. '속도 늦추기'는 당신 자신만을 위해 연마하는 것이 아니라 당신을 둘러싼 모든 것을 위해 연마하는 것이다. '속도 늦추기'는 일상 속에서 실천하는 적극적인 평화의 행동이다.

정지점

🐚 … 누군가를 앞지르고 싶을 때

🐚 … 무언가를 혼자 독차지하고 싶을 때

🐚 … 누군가에게 선물이나 기부금을 전달하려 할 때

1_ 당신이 선물로 받은 물건을 다른 사람들과 나누는 습관을 들이라.

2_ 돈이 들지 않지만 커다란 기쁨을 줄 수 있는 선물의 아이디어를 모으라.

☕ 끝없음

고속화와 빠른 성공이 높은 평가를 받고 있는 사회 환경 속에서 의식적인 늦추기나 중지는 아주 정신이 나간 것이거나 자칫 위험해 보일 수도 있다. 그러므로 이러한 실천에 우선 당신이 능숙해져야 하며, 자신에게나 동료, 친구나 가족들에게 '속도 늦추기' 실천을 무리하게 요구해선 안 된다. 당신이 다른 사람에게 설교하려 들지 않고 신중하고 조심스럽게 연습하면 반대의 목소리도 덜 듣게 된다. '속도 늦추기'의 영향이 당신 삶에서 많이 나타날수록 주변에서도 자연스럽게 마음을 열고 더욱 더 관심을 가질 것이다. 처음에는 아마도 많은 사람들이 당신의 태도를 웃음거리로 삼을 수도 있다. 그러나 시간이 지나면 호기심이 생겨서 묻게 될 것이다. 왜 당신은 짜증나는 상황에서도 즐겁고 안정된 모습을 보여 주고, 왜 더욱 더 침착하고 느긋하게 행동하는지 말이다. 이 때가 바로 당신의 경험을 다른 사람에게 나누어 줄 시점인 것이다.

'속도 늦추기'는 맞서 싸워 녹초가 되게 하고 마침내 모든 것을 물리치는 싸움이 아니다. '속도 늦추기'는 평화로운 삶을 일생 동안 지속적으로 심화시키려고 이것을 배움의 과정에서 실천하는 것이다. 틱 낫 한 스님은 우리의 내면이나 주위에서 일어난 일에 대해 육체와 정신을 진정시키고 올바로 보기 위해서 15분은 멈추어야 한다고 가르쳤다. 거기에 더 진보된 방법이 있지만 멈추는 것만으로도 우리는 삶이 선택하지 않은 방향으로 진행되는 것을 막는 행동의 대가가 될 수 있다.

'속도 늦추기'는 완벽한 삶을 중요하게 여기지 않는다. 또한 삶이 다시 옛날 습관으로 되돌아가 또다시 가속화되더라도 죄책감을 느낄 필요도 없다. 가장 중요한 것은 그 무엇이 우리 삶에 가속화를 불러일으키는지와 이에 대해 주의력을 키우는 일이다. '속도 늦추기'가 일깨워 주는 삶의 깊이와 평화로움을 많이 경험하면 할수록 앞에서 소개한 네 가지 연습을 통해 우리 삶의 태도를 변화시키는 일도 쉬워진다. '속도 늦추기'를 위한 다섯 가지 열쇠를 이숙하게 이용하면 시간에 대한 이해도 깊어진다. 우리 삶이 옛날의 자리로 돌아가는 것은 다리가 부러지는 일이 아니며 지극히 정상적인 것이다. 또한 이를 통해 우리가 새롭게 배울 것들도 많다는 뜻이다. 나역시 옛날 모습으로 돌아가는 내 삶을 항상 경험한다. 그러나 나는 날마다 새롭게 연습할 뿐만 아니라, 바로 어제 했던 명상 코스에 다시 들어간다. 이 책을 쓰는 동안 매일 한 번 이상 내 옛 습관의 힘이 덮쳐 왔다. 내가 이 습관의 힘에게 웃음을 보낼 수 있을 때마다 항상 그 힘은 약화되었다. 웃음은 '속도 늦추기'의 위대한 친구이다.

내 경험으로는 연습을 하는 과정에 친구와 아내가 매우 큰 도움을 주었고 중요한 역할을 했다. 우리가 함께 연습할 때마다 지난 기억을 떠올리자 훨씬 쉬웠으며 더 많은 기쁨을 얻었다. 우리는 다른 사람이 자신의 습관에 다시 빠질 때마다 어떻게 해야 할지 알게 되었다. 그렇게 우리는 서로에게서 배웠다. 이 연습은 직장에서든 가정에서든 가능하다. 살아 있는 관계의 교환은 경험을 심화시키고 동기 유발도 강화시킨다.

이 책은 당신에게 풍부한 연습을 통해 일상에서의 정지점을 제공한다. 물론 이것은 시작도 없고 끝도 없다. 이것은 기준이 되는 처방이 아니기 때문이다. 당신이 연습을 게을리하지 않고 실천에 옮겨 보라. '속도 늦추기'는 당신이 다섯 가지 열쇠를 손에 쥘 때 비로소 완전히 작용한다. 이를 통해 당신만의 진정한 삶이 주어진다. '속도 늦추기'는 최상의 창조적인 과정이다. 당신이 한발 한발 연습을 통해서 '속도 늦추기'를 하면 당신에게 꼭 필요한 정지점과 만날 수 있을 것이다. 내가 경험한 '속도 늦추기' 에 대한 발전 양상을 당신에게 전해 주어 당신은 큰 기쁨을 얻는다는 것은 큰 즐거움이 될 것이다.

'속도 늦추기' 가 당신에게 꼭 필요하다는 결심을 가지고 연습하되, 경직된 마음으로 하지 말라. 당신이 참여와 동시에 과도하고 무리하지 않으면 삶은 여러 곳에서 긴장이 풀어지고 깊어질 것이다. 당신의 연습 과정에 많은 즐거움이 함께 하기를 바란다.

☕ 저자 카이 롬하르트에 대하여

카이 롬하르트 박사는 함부르크와 세인트 갈렌과 겐프 대학에서 경제학을 전공했다. 그는 부인 베티나와 아들 요나탄, 칼레와 함께 베를린 반제에서 살면서 기업고문, 트레이너와 작가로서 독일과 오스트리아, 스위스에서 일하고 있다.

그는 지식 관리의 주제를 위한 실습 위주의 저서 『지식은 만들 수 있다. 명석한 두뇌를 위한 50가지 기초』를 2001년에 출판하면서 유명해졌다.

1999년 그는 베트남 출신의 스님이자 평화 실천가인 틱 낫한을 스승으로 삼았다. 그리고 2년 동안 스님이 만든 명상 센터가 있는 프랑스 남부 플럼빌리지에서 수행을 하면서 보냈다. 그 후부터 불교의 주의력 실행에 대한 자신의 관심사, 기술, 아름다움 등 삶의 효율성을 추구하는 생활을 하면서 그것을 사람들이(특히 경제 분야에 종사하는) 가까이 접할 수 있도록 노력하고 있다. 카이 롬하르트 박사는 '속도 늦추기'에 대한 주제로 여러 세미나와 상담 과정에서 기업, 조직, 개인을 위해 발전시켰다.

✔ 일상 생활과 직장에서의 '속도 늦추기'를 위한 입문과 심화를 위한 1일, 2일, 3일 과정의 세미나

✔ 기업문화와 의사소통문화에서 '속도 늦추기'의 완성

✔ '속도 늦추기' 초급 강의

삶을 성공으로 이끄는 여유의 심리학

삶의 속도를 늦춰라

지은이   카이 롬하르트
옮긴이   송소민

1판 1쇄 인쇄   2005년 11월 15일
1판 1쇄 발행   2005년 11월 25일

펴낸곳   황금비늘 출판사
펴낸이   손상열
디자인   design86 김혜연

등록번호   제315-2003-19호
등록일자   2003년 11월 1일

주소   (152-843) 서울시 구로구 구로5동 107-8
미주오피스텔 2동 808호
전화   (02)323-7243
팩스   (02)323-7244
e-mail   foxshe@hanmail.net

값 10,000원
ISBN 89-91013-05-8   13320